物語でたどる仏教の世界

1

大いなる道

山口辨清

大法輪閣

物語でたどる仏教の世界①

大いなる道

【大いなる道　目次】

鉢の油

むかしインドのある国に、ひとりの陽気な若い職人がいました。ある日のこと、若者は仕事の進めかたについて激しく仲間と言い争いました。相手は無二の友人ですが、珍しくこちらの言い分を少しも受け入れてくれません。その夜酒の席で争いが再発し、若者は相手を手ひどく突き飛ばしました。倒れた相手ははずみで頭を打ち、そのまま死んでしまいました。

酔いも消し飛んだ若者が茫然《ぼうぜん》としていると、早くも通報を受けた役人がやって来て、若者は捕らえられました。彼はそのまま裁判にかけられ、翌日には死刑が宣告されたのです。落ち度のない者の命を奪ったからには、自分の命をもって償《つぐな》わせるほかはありません。

しかしこの国では、たとえ死刑が宣告されてもすぐ執行されることはなく、どれほど重い罪を犯した者であっても、その生命を奪う前には必ずもう一度、国王が罪を確かめることになっていました。国王は引き出された若者を一目見て、罪人が決して悪人ではないと見抜き、涙を流す若者に深い憐れみを感じました。とはいえ彼の犯した罪は、他人の人生をほしいままに断ち切るという、決してしてはならないことでした。

――何と愚かなことよ。ここ何年も殺人の罪を犯す者はなかったのに、この若者は自分の心を抑える訓練も受けずに育ったのか、償いようのない過ちを犯してしまった……。だがこの罪を軽視するわけにはいかない。もしそうすれば、これ以後、人を殺すことを軽く見る者が増えるであろう。それが人の世にとって良いことだとは、とても言えない。

判決を確定し、殺人が許されないことを示すほかはない、国王はそう思いました。しかしなぜか、未熟な若者に対する憐れみが消えません。思いあぐねた国王は大臣に命じ、殺された男の家族を王宮に呼ばせました。

殺された職人には妹がただ一人いるとわかり、若い娘が国王の前に呼び出されました。国王は、後悔のあまり食事もとれない罪人の様子を娘に見せ、こう言いました。

「娘よ。そなたの兄を殺した者には死刑の判決が下されたが、そなたの考えを私に聞かせてくれないか」

少し考えた後、若い娘ははっきりした口調で言いました。

「王さま。家族の気持ちを尋ねていただき、深く感謝申し上げます。でも刑の執行の是非をお尋ねなのでしたら、王さまのお心のままにとお答え申し上げます。王さまの定められることに、私は従うだけでございます。私自身には何の力もなく、定めに従う以外に、民としてできることはございません」

自分の迷いを見破られた思いで、国王は若い相手の前でたじろぎました。しかしすぐに立ち直って言いました。

「娘よ、すまなかった。そなたに決めさせるような尋ね方をしたのは間違いだった。考えるまでもなく、あの重罪人を許すことのできる者はただ一人、つまり殺されたそなたの兄だけだ。では最後の決定を皆に伝えよう」

国王は裁判に関わるすべての者を、王宮の裁きの庭に呼び集めました。そして罪人に、次のように最後の決定を言い渡しました。

「おまえは思うままに振る舞い、ただ一度の人生をひたむきに生きてきた一人を、むざんに踏みにじった。その罪を償うには、おまえの生命だけが辛《かろ》うじてそれに値《あたい》するが、ただ生命を奪うだけでは、自分の罪の重さがおまえ自身にもわからぬままに終わってしまうだろう。私は王として、おまえに自分のしたことの意味を深く自覚させ、懺悔《さんげ》させたいと願う」

そう言ってから王は役人に命じ、銅で作った鉢《はち》を一個、その場へ持って来させました。そしてその鉢になみなみと油を一杯に満たさせてから、最後の判決を若者に告げました

「この鉢一杯の油を、おまえとおまえの家族全員の生命だと定める。おまえはこれを両手で捧げ持ち、ここから王宮の南門まで歩き、さらに調戯園《ちょうぎおん》まで運ばねばならぬ。その間にもし一滴の油でもこぼしたら、おまえ自身の生命と、おまえの父や母や兄弟たち、家族の身体で、一滴ずつを償わせることにする。そのことの意味を深く考え、心して運ぶがよいぞ。なおこの決定を国じゅうに広く知らせ、隅々まで行き渡らせてから、刑の執行を始めることにする」

王は裁きを閉じ、若者は即座に牢獄につながれました。ひとことの弁明も許されず

閉じ込められた若者は、恐れおののきました。自分の生命についてはすでに覚悟ができていましたが、家族までがその身をもって自分の罪を償うことになろうとは、その時まで思ってもみないことでした。あまりのことに彼の心は激発し、王を呼べと罵り叫び、しかし何の効果もないとわかると、激しい怒りのため悶絶《もんぜつ》してしまいました。

しかし王の裁決は当事者だけでなく、広く国民の心まで、波立たせることになりました。

「自分と家族全員の生命を鉢に入れて運ばせるなんて、さすがに王さまは味なことをなさる。どれほどいい加減な奴でも、これで自分のした事の重みを思い知るだろうよ」

「でも罪人の家族にとって厳し過ぎないか。いくら身内のした事とはいえ、自分が手を下したわけではないのに、奴隷にされるのか手足を切られるのか、どちらにしても辛い報いを受けるのだ。家族のものにとって、とても納得できることじゃないよ」

「でも人がこの世にいるのは因と縁のつながりの結果だから、家族や一族のつながりは都合の良い時だけ、というほうがおかしいんだ。悪事に連帯の責任が無いのなら、家族だから地位や財産を相続するという権利も無いはずではないか」

「仏の教えから言うと、いくら罪を犯したからといって死刑にするのは良くない。これじゃ本人は、一滴こぼしても死刑になるほかないし、家族の中から、生命を落とす者が何人出るか知れないのだから、王さまのやり方こそ、生命を軽くみるものだ」

「死刑が悪いと言うのなら、最初に人を殺した奴が、やっぱりいちばん悪いのさ。生命こそが最も大切なのに簡単に人殺しをしたんだから、それこそ身から出た錆《さび》じゃないか」

「だがその死刑を誰が執行するんだね。王自身の手なのか、殺された男の妹にでもやらせるのか。そうもいくまいから、結局は役人の誰かがやらされるのさ。そうだとすると、命令に従ったとはいえ、人ひとりの生命を断ち切るという悪い業《ごう》が、その役人の身についてくるじゃないか」
二、三人も寄れば議論はあちこちで白熱し、簡単には決着がつきません。まるで国中の人の心が、王の判決に惹《ひ》きつけられたようでした。
やがて、執行の日がやってきました。罪を犯した若者の家族たちも否応なしに裁きの庭に引っ立てられ、準備はすべて整いました。そして王宮の正面広場には、ひと目で囚人とわかる青い服を着せられた若者が引き出されました。国王が油を一杯に湛《たた》えた鉢を両手に捧げ、厳かな声で次のように言い渡しました。

「おまえは途中でどんなことがあっても、この鉢を調戯園まで届けよ。調戯園に鉢が届くと、油を元通りの鉢一杯にするため、一滴ずつ数えて足すこととする。おまえは五人兄弟の末子なので、両親とすでに結婚している四組の兄姉の夫婦、その子ら八人で、おまえを除いて十八人の家族がいる。足さなければならなかった油の数だけ、年齢順におまえの父から一つずつ、手足の指、両耳、両手両足、両眼の順に償うことになるのだ。言うまでもない事だが、家族の償いがすべて終わった後、おまえ自身の死がやってくる。家族のためには、失う油を一滴でも少なくするのが、自分に残された最後の責務と心得よ」

王の言葉を聞き、若者は我を忘れて叫びました。

「お言葉ですが、それはあまりにもむご過ぎます。王さま、私は罪を犯してしまった時から、自分の生命は無いと覚悟をしております。どうかすぐに私を死刑にして、家族だけは助けてやって下さい。彼らには何の関係もありません！」

「おまえの言う通りにするためには、おまえは、家族と自分とは、他人と自分の関係と変わらぬほどの薄い関係でしかなかったと証明する必要があるのだ。今約束できるのは、死刑執行の前に、おまえが家族たちに許しを乞う時間を十分に与えることだけだ。それ以上の情けをかけるわけにはいかぬ」

しかし若者は、もはや王に対する謹《つつし》みも捨て去り、声を張り上げ、必死になって食い下がりました。

「傷ついたり死んでしまった家族に、どんな許しを乞えとおっしゃるのですか。どうか、家族に赦免《しゃめん》をお与え下さい。彼らには何の罪もありません。それは王さまもご存知のはずです。無関係な家族を巻き添えにするのは、あなたの権限を越えております。どうか公正に罰して下さい。それなら私にはどんな残酷な死刑でも、文句は言いませんん」

だが国王は、静かな口調で返しました。

「今おまえは、自分にとって家族の痛みは、自分自身の苦痛よりも辛いことだと訴えているのかね？　それならおまえに尋ねる。その鉢の中の油を、おまえに殺された側の生命だったと考えてみよ。容赦なく鉢の油をこぼしたおまえは、相手の男以外には、誰にも害を与えなかったと言えるのか？　おまえに殺された相手は、自分の生命とおまえの生命とを一対一で償わせるだけで、果たして公正だと納得してくれるのか？」

「……？」

「おまえは鉢の中へは自分の生命だけ、あるいは相手ひとりの生命だけを入れて考えるのだろう。だが周《まわ》りと切り離された生命など、この世に存在しないのだ。一つの生命の周りには、必ずそれに頼ったり愛し憧れたりする、場合によっては憎んだりもする、多くの生命が絡んでいる。一つのものは無数の他のものと因と縁で結ばれ、初めてこの世に存在することができるのだ。水よりも濃い油のようなつながりだ。おまえは人ひとりを殺し、相手の周りの者を、誰ひとり苦しめることはしなかったとでも言うつもりかね？　それは自分にだけ都合が良すぎる言い分なのではないのか」

「……」

「おまえは相手を何の斟酌《しんしゃく》もなく殺したが、そのおまえにはまだ自分の鉢を無事に保ち、自分や家族を救う余地が残されている。一滴もこぼさねばよいのだ。国王である私の方が、おまえよりはるかに寛大であることに疑いはあるまいな？　ではおまえは自ら招いた試練に、最大限の努力を傾けて立ち向かうがよかろう。正午と共に、刑の執行を開始する」

　顔面を蒼白にして沈黙した若者に、王はそのように告げて最後の裁きを終えました。

国王が立ち去った後には、油を一杯に湛えた鉢が一つ、台の上に残されました。

若者は騙《だま》されまいと必死になって、王の言葉に間違いを見つけようと苦闘しました。でも否定しようと思えば思うほど、自ら招いたと言われた言葉が頭の中に響きわたります。その間にも時は容赦なく過ぎていき、正午が近づいてきた時、殺した相手の妹が、血の気を失った顔つきでただひとり、離れて立ち尽くす様子が目に映りました。その瞬間、彼は自分の考えのほうが浅く、王の言葉にはとうてい太刀打ちできぬと、認めざるを得なくなったのです。

――怒りに任せて我を忘れ、頼りにしてきた仲間を殺し、その妹をこの世で独りぼっちにしてしまった。俺は何という罪深いことをしてしまったんだろう。確かにその過ちは、何をもっても償いなどできぬものなのだ……。こうなったら、俺にできることは何とか最善を尽くして、その上で家族に許しを乞い、それからあいつの妹に心底謝って、自分の過ちのたとえ万分の一であっても、この生命で償わせてもらおう。

国王の言葉を受け入れて、若者はようやく少し落ち着きました。どうやら彼の心は、一つの諦《あきら》めを得たようでした。

――南門までの繁華街は、人や車だけでなく馬や象も行き来する。油をこぼさずに通り抜けるなんて、とてもできはしない。しかし恐れ心配し、嘆いているだろう親や家族を思うと、こぼれる油を一滴でも少なくするほかにするべきことは何もない……。自分のことなんかどうでもよい。心をこの鉢の中にだけ集中して、一歩ずつ歩こう！

若者が歩き始めると、王城内に住む人々が道の両側を埋めつくして、その様子を眺めました。そして悪口やら嘲笑やら、同情の声やらを口々に若者に浴びせかけました。しかし群衆の誰ひとりとして、油の鉢を捧げ持つ罪人の身に触れたり、進路を妨げることはしませんでした。

その日の夕方近く、若者の姿は次第に南門に近づいてきました。周囲を取り巻く人の渦は増えこそすれ減る気配はありませんが、不思議に静かです。人々は息をのみ、若者の動きを見守っているのでした。信じ難いことですが、その日そこまで、鉢の油は無事だったのです。

背を伸ばして胸の前に鉢を支え、それを見ながらすり足で若者は歩いてきます。城門に着く直前で日が暮れ、役人たちが焚く篝火《かがりび》が明るさを増しました。通りの真ん中にがっしりとした台が置かれ、近づく若者に役人が言いました。

「鉢をこの台に置き、夜明けまでここで過ごすがよいぞ」

全精力を両手の指に集中し、若者は鉢を静かに台の上に置きました。残照の中でしばらく黒い彫像のように動かなかったその姿は、やがて台から離れると、崩れるようにその場にうずくまりました。役人の食事を勧める声にも答えはなく、闇の底からの呻《うめ》き声が、一度聞こえただけでした。

翌日の朝、王城の南門が開かれました。晴天の下、水田や畑が広がり、あちこちに村々がみえます。南門から南へ進むと大きな森があり、そこに調戯園があります。

調戯園は、たくさんの動物や鳥たちを集めて、人を楽しませたり仕事をさせるために専門の飼育員が訓練をする、かなり大きな園地です。しかもそこまでは、大人の急ぎ足でも城門からかなりの時間がかかる道のりです。たとえ妨げるものなく時間の限りもないとはいえ、極限の緊張を保ったままで、果たして行きつける距離だと言えるのか……。今まで誰も想像さえしなかったことが、今や目の前で進行しています。

城門を踏み出した若者の周りには、前日を上回る大勢の人が群がりました。昨日の数時間は息詰まる緊張の連続でしたが、大自然の中へ踏み出し、昨日に倍する道程を行く今日こそ、破局的な結末が訪れるに違いないと、ほとんどの人はそう考えていたでしょう。

森を突き抜けて隣国へまで通じている街道は、牛車の轍《わだち》や牛馬の蹄《ひづめ》にえぐられていて、城内の石の舗装路とはくらべものにならぬほど歩き難いものでした。しかしどんな一夜を過ごしたのか、若者は再び力強い姿勢を保って進み始めました。

太陽が昇りましたが、暑くなる前に雲が出ました。歩き易い天候のように思えたのも束の間のこと、やがて雲が厚くなり、お昼ごろには風が吹き始めました。次第に強く、若者の身体を煽《あお》るように吹きつけてきます。

――天の神々が、俺を試されておられるのか……？

ふとそんな考えが浮かびましたが、若者は慌ててその思いを振り払いました。周囲を見る余裕もない今、物思いこそ最も危険な落とし穴と言わなければなりません。若者は、心をからっぽに保つように努めます。それまで罪人と距離を保っていた群衆が、次第に接近してきました。

いよいよ何かが起きるかもしれない……。そんな予感が高まります。しかし若者はそれにも気づかぬほど、心の集中を高めていました。風も次第に、彼の意識から離れていきました。もし普段通りの心でいたのなら、たちまち忍耐は尽き果て絶望に身を任せてしまったことでしょう。しかし若者は一歩また一歩、ただ次の一瞬だけに心を止めて進んで行きました。

いつの間に現れたのか、剣を帯びた数人の騎士が若者の周りに集まり、人々があまり若者の側に近づき過ぎぬよう制止しました。人々も我に返ったように距離を開き、離れて様子を見守ります。

油は減ったのか、それともまだ持ちこたえているのか？

誰もそれを知らず、しかし風はますます強くなりました。すると役人たちが、急いで小さな天幕を張りました。

「国王の命令で、今日はここまでで終わることにする。天候のせいで刑の結果が左右されてはならぬとの仰せじゃ」

次の日は雨でした。さすがに市中からの群衆は少し減ったようですが、それでも大勢の人が罪人と共に調戯園へと歩きます。役人が大きな貴人傘を鉢に差しかけますが、小雨は朝から降り続き、若者の身体を濡らしました。午後になると急に雨脚が激しくなり、またも国王の命令で早めに行進は中止されました。しかしさすがに若者の疲労は、誰の目にも明らかなほどでした。市街へ帰る人々が、声高に話し合います。

「いや。一度も躓《つまず》きもよろめきもしないとは、罪人とはいえ見上げた奴だ！　是非、もう一日がんばらせたいね」

「それはそうと鉢の油がまだどれほどあるか、見たかね？」

四日目は晴天に戻りました。若者は役人が勧めるミルクを飲み、鉢の中を確かめました。油はいくらか減ったようです。

――昨日は鉢を持つ手がかなり濡れた。雨がかかっただけと思っていたが、やはり何滴かこぼれたのか……。仕方がない。最善を尽くして、その結果は甘んじて受けよう！

若者は自分でも意外なほど淡々とした気分で天を仰ぎ、再び力強く立ち上がりました。すでに森は指呼《しこ》の間《かん》に近づき、調戯園のざわめきが聞こえてくるように思えます。

集まった者の中から、若者を助ける人が出てきました。彼らは道に落ちている木の枝や小石を取り除き、道の窪みを均《なら》しながら先を行きます。

若者はしかしそれを見ませんでした。ひたすら鉢を見つめ、爪先に満身の注意力をこめて歩みます。そして遂に、調戯園の華やかなざわめきが彼の耳にも届きました。あと一息、門をくぐればすべては終わります。

園の門には、国王が待ち構えていました。その側には大臣や役人たち、そして殺された若者の妹らが並んでいます。罪人の家族もきっと、近くへ連れて来られているに違いありません。

その時、木立から飛びたった一匹の大きな虻《あぶ》が、若者に近づきました。油の香りに惹《ひ》きつけられたのかどうか……、しかし虫は若者の汗ばんだうなじに止まり、そこをチクリと刺しました。

するどい疼痛に襲われ、あっと言う間もなく若者の全身の均衡が崩れました。油は大きく波打ち、かなりの量が鉢を離れて宙を飛びます。何百、何千の目が凍りつき、しかしその次の瞬間、一人の若い娘が若者の側に駆け寄り、その身体を支えました。

彼女は若者の手から鉢をつかみ取り、そのまま地面に投げ捨てました。鉢は転がり、油は地面にしみ込んでいきます。若い娘は殺された職人の妹でした。立ちすくむ罪人の傍《かたわ》らで、娘は国王に向かって大地にひざまずき、深く頭を垂れて言いました。

「国王さま。このように歩いてきた人に、まだ罪科が付きしたがっているとは思えません……。鉢の油は、私が粗相《そそう》をいたしました。こぼした責任のある私を、どうか罰して下さいませ」

国王はゆっくりと立ち上がり、二人の側に近づきました。その手に把手《とって》のついた油瓶を持っています。王は鉢を地面から拾い上げ、もう一方の手にある油瓶を傾け、黄金色に輝く芳しい油を注いで、再び鉢を満たしました。その鉢を若者の手に渡し、国王は言いました。

「おまえは悔過《けか》（過ちを懺悔する）行《ぎょう》の如く歩み、娘の心を癒した。国王にもできぬことをして、十分に罪を償った」

かくして罪人は放免されました。人々はその決定を心から歓迎し、こののちこの国では、罪と罰についての思いを、すべての人がより深いものとしたのでした。

北本（インドより北方へ伝来した経典）涅槃経《ねはんぎょう》が、仏法に帰したある王の、油を用いた裁決の言葉として記した、『もし一滴を棄《き》せば、まさに汝の命を断《た》つべし』という言葉が、「油断するな」という、日本語の言い回しを生み出したと言われています。

おわり

王の馬は馬の王

むかしインドのバーラーナシー国の都に、とても広いお屋敷がありました。もとは大金持ちの家だったのですが、没落し、今はお婆さんが一人で住んでいました。

ある日、北の国から馬商人の一行がやって来ました。百頭を超える馬を引き連れているのに馬丁のひとりが病気になり、その上、間もなく仔馬を生みそうな馬もおり、野営ではしのげないだろうと宿を探すうちに、この家の広い敷地が目に止まりました。

馬商人はお婆さんに頼み込み、二、三日泊めてもらうことになりました。

「少し騒がしいかもしれません。でも宿賃ははずみますよ」

商人はそう言ってにっこりと笑いました。穏やかな気性の男のようで、お婆さんも

安心したのか、にっこりとうなずきました。

病気の馬丁はお婆さんの薬をもらって飲み、介抱してもらってよく眠り、馬商人はほっと安心しました。しかしその夜、皆が寝静まってから馬たちが騒ぎました。シンドゥの牝馬が産気づいたからです。シンドゥ馬はインダス川の下流シンドゥ地方で生まれ育った馬ということで、足の速さはインドで最も有名な馬です。馬商人や馬丁たちが跳ね起き、汗びっしょりになって介抱しました。そして明け方になって、元気な雄の仔馬が一頭生まれました。

「やれやれ、くたびれた。しかし元気な仔馬をもうけたぞ」

いつの間にか屋敷のお婆さんも参加していて、にこにこと仔馬の様子をのぞき込んでいました。

やがて仔馬は歩き始めますが、病人はまだすぐには歩けません。馬商人はもうしばらく滞在したいとお婆さんに頼みました。お婆さんは喜んで承知してくれました。

しばらくの間、仔馬は屋敷の庭で母馬とお婆さんの間を行き来し、自分を撫でてくれるお婆さんの手を、熱心にペロペロと嘗《な》めて遊びました。それからの数日間、一行は屋敷内で身体を休め、ようやく病人も回復し、仕事ができるようになりました。

「さて長い間お世話になりました。宿賃をお払いしましょう」

出立の時がきて、馬商人は財布をとり出しました。すると、お婆さんが言いました。

「いえ、あのね……。この間生まれた、あの仔馬のことですがねえ。私はこの通り独りぼっちで淋しい暮らしをしていますし、ここで生まれたのもなにかの縁じゃありませんか。どうでしょう、宿賃は要らないからあの仔馬を譲っていただけませんか？いくらかのお払いならできますし、可愛がって一所懸命に育てますよ」

お婆さんは熱心に頼みました。馬商人は驚いてお婆さんの顔を見つめ、しばらく考えました。先はまだ長旅です。生まれたばかりの仔馬を連れ歩くのは何かと不便で、早めの売買を考えることになるのは確かですが、この老人一人で果たして上手《うま》く育てられるのか。彼は損得だけの人ではなかっただけに思案をしたのですが、結局はお婆さんを喜ばせようと思い、宿賃との交換で話を受け入れたのでした。そういうわけで、仔馬はお婆さんの手もとに残されました。お婆さんはまるで我が子のように可愛がり、人間の子と同じに、手をかけて育てました。

数年後、別の馬商人がやはり多数の馬を連れての旅の途中で、この家に立ち寄りました。

馬商人は馬小屋のある庭の木に、持ち馬をつなごうとしました。しかし馬たちは何を感じたか、一頭も庭に立ち入ろうとはしません。それで馬商人は、主人であるお婆さんに言いました。

「奥さん、あなたの家には馬がいるようですね」

「ええ、たった一頭だけですよ。私はうちの馬が自分の息子のように可愛くてね。大切にしているんですよ」

「きっといい馬なんでしょうね。ぜひ見せて下さい」

「いいですとも。でも生憎《あいにく》、今しがた草を食べに出て行きましたよ。そのうち帰ってくるでしょう」

馬商人は待たされました。というのは、自分の馬たちがどうしても、敷地に入って休もうとしなかったからです。

やがて蹄《ひづめ》の音が響いてきて、まだ幼い感じが残る馬が帰ってきました。その身体はもう十分に大きいのに、まだもう一回りも大きくなりそうで、毛並みの艶は素晴らしいものでした。馬商人は心の中で、思わず唸りました。

――何と！　この馬はおそらく、二度とは出会えぬ逸物《いちもつ》だ。

その馬が馬小屋に入ると、馬商人の馬たちはまるで呪文が解けたようにその後に続き、庭に入って行きました。

馬商人はその馬に心が惹《ひ》かれ、二、三日泊まりこんで馬の様子を見ました。というのもこの馬商人は自分の国の王から、王者にふさわしい馬を手に入れよと命令されていたからです。

――何としても手に入れなければならないのは、どうやらこの馬だ！

腹を決めた馬商人は、熱心にお婆さんに頼みました。

「奥さん。お代ははずみますから、ぜひこの若駒を私に譲ってくれませんか」

「とんでもない！　これは私に残された唯一の家族ですよ。息子と思っているんです。売るなんてできませんから」

――これは商売気を捨てて、真心で頼むほかはないだろう。

馬商人はそう悟《さと》りました。それで駆け引きは一切なしにして、王の代わりに名馬を探していることや、代金はどれだけでも払う用意があることなどを伝えました。しかしお婆さんはどうしてもうんと言いません。仕方がないので話題を変え、馬商人は言いました。

「奥さん、毎日この馬を、どんなふうに世話してやるんですか？」

「そりゃ、私はもう年寄りですからね。大したことはできないけれど、食べ物は私と同じものを食べさせますし、背中や首筋、お尻なども、できるだけブラシをかけてやりますよ」

「なるほど、ずいぶん可愛がっているんですね。でもね、奥さん。これほどの馬なら、ちょうど今頃からきちんと調教すれば、どんな馬にも負けない力を身につけます。山道坂道、石ころ道、どんなところを走らせても脚を痛めないようにしてやれます。私はこの馬を、王さまからでさえ尊敬されるほどの、とびきりの名馬にしてやりたいのです。固くお約束しますよ。どうか、この馬のためにも、考えてやってくれませんか？」

お婆さんはその言葉に目をつむり、じっと考え込みました。

「この家がむかしのように栄え、家族が皆元気でいるのなら、誰が何と言ってもこの馬を手放すことなんかしないでしょう。そして立派な馬に育ててやるでしょう。でもご覧の通り、今の私は貧しい老いぼれに過ぎません。あなたのような目の利《き》く方の手にかかったら、あの馬はきっとおっしゃるような名馬になるでしょう。それがあの子のいちばんの幸福に違いない……。そうね、我が子の仕合わせをなんで遮《さえぎ》ることができましょう。お代はいりません。どうぞ連れて行き、立派に育ててやって下さい」

お婆さんは毅然《きぜん》としてそう言い切りました。しかし言い終わると同時に、その目にはうっすらと涙がにじんだのでした。馬商人はお婆さんの心意気に打たれました。それでお婆さんに十分な心配りをし、馬を預かったのでした。

でも馬は、なかなかお婆さんから離れようとはしませんでした。しかしお婆さんが馬の背を撫でて、訓練を受けて立派な馬になるようにと諭《さと》してやると、まるで人の言葉がわかったかのように、馬商人に従ったのでした。

再び旅を始めて一日も経たぬうちに、馬商人はこの若馬の能力に驚かされました。というのもこの馬だけを率《ひき》いて行けば、他の馬は放っておいても、皆その後について来るのです。

馬商人は舌を巻きました。それと共に、この馬自身がどれほどの心を持っているのかを、是非知りたいと思う気持ちを抑えることができませんでした。というのも数ある家畜の中で、馬ほど乗り手や引き手などの、人の器量や心をよく察知する動物は他にいないからです。

あくる朝テントから起き出した馬商人は、飼い葉桶に切り藁《わら》とぬか汁を入れて、若馬の鼻先に置きました。それは他の馬の食べ物と比べても、やや粗末なものでした。乾し草を入れるのを、わざと省いてあるからです。

若い馬は桶に目もくれず、静かに朝の風の中に立っています。馬商人は苦笑して、乾し草を切ったものをたくさん加えました。

「これで皆と一緒にしたよ」だが、馬は素知らぬ顔をしています。

しばらく馬と目を見交わしていた馬商人でしたが、にわかに急いでテントに入り、自分の食べ物を持ち出して若い馬に与えました。なぜなら静かに風に吹かれている馬の瞳の中に、キラリと光る烈しい輝きを見たからです。

――危ない、危ない！　気がつくのがもう一瞬遅れたら、綱を切って走り去るか、あるいは二度と私の手からものを食べなくなるか、どちらにしろ永久に失ってしまうところだった！

馬商人は馬に詫《わ》びました。そしてそれからは心をつくして食べ物を与え、世話をしました。そして何度も思い返しました。もしもあの時、この馬に走り去られたら、自分の他の馬たちはどうしただろうか……と。

いろんな場合を心のうちに思い描いてみたものの、すべての馬がこの若馬の後に従って走り出し、人間の自分には何もできなかっただろうというのが彼の結論でした。想像するだに、身の毛がよだつことでした。

馬商人は故郷の屋敷に戻り、さらに時間をかけて若馬の世話をするようになりました。馬は次第に調教に従うようになり、日ごとに磨きがかけられていきました。そして遂に馬たちを王宮に連れて行く日が巡ってきました。

馬商人は馬場の片側に、手に入れてきたすべての馬をつなぎ、もう一方に幔幕《まんまく》を張りめぐらし、敷物をしいて若い馬を入れました。若馬は、他の馬より一回り大きな身体を、ツヤツヤと光らせていました。

王が傍へ歩み寄りながら、馬商人に尋ねました。

「なぜ、この馬だけを別にするのかね。一緒に行進させたり、騎兵の集団訓練をさせないのか?」

「申し上げます。この馬は他の馬を従えてしまうので、一緒にするのは、全軍が一つの動きをする時だけでございます」

王は驚き、若い馬に乗ってみました。そして心の底からの驚きを味わうことになりました。これは何としたことか、今乗ったばかりだというのに、この馬は、乗り手の心を何一つ読み違えることはないではないか！

馬の素晴らしい動きは、たちまち王の心をとらえました。王はさらに他の馬に騎兵たちを乗せて、自分と一緒に走らせました。すると易々と王は、全軍を一つにまとめて走ることができたのでした。

「おまえの言った通りだな。この馬こそ全軍を指揮する王者に、最もふさわしい馬じゃ」

馬商人は少し躊躇《ためら》いましたが、思い切ってこう言いました。

「しかし王さま、これは秘密でございますが、たいへん気がかりな事がひとつございます。この馬が戦いの場でどうなのか、それはまだ、誰にもわかりませぬ……」

「何じゃと……？」

王は一瞬怪訝《けげん》な顔つきをしました。しかしすぐさまその顔には理解の色が浮かび、頷《うなず》きながらこう言ったのでした。

「なるほど、戦場でこの馬に馬たちを指揮されたら、私の思い通りの戦《いくさ》はできぬということなのだな。よし、それなら平和な今のうちに、この馬の力をたっぷりと、周りの国に見せてやるのがよいだろう」

聡明な王は即座に、この馬の真の値打ちを見抜きました。彼は他の国々の王や大臣たちを招待し、自分の騎兵隊の威力を見せつけることにしたのでした。招待を受けた王や大臣たちは、大軍が意のままに自由自在に動くのを見て大いに驚き恐れました。そして次々にこの聡明な王に従うことを誓いました。

最強の馬を手に入れた王は、戦わずして大王への道を歩み始めました。そして王の馬は、平和と幸福を招く馬、馬の王として人々に愛されることになったのです。王は育ての親のお婆さんを王宮に招いて王家の一族として扱い、王の馬は育ての親に、十分に報いることができたのでした。


さて、このお話はジャータカ（本生経《ほんじょうきょう》＝十二部経の一つ）といい、釈尊が覚りをひらいて仏になるまでに、人だけでなく猿に生まれたり象になったり、時には盗賊もしたりして、何百回となく生まれ変わっては修行された様子を伝えるお話です。お釈迦さまの教えを伝えるために工夫され、すべてを合わせると何百というお話の海として残されたものの一つです。

ところで、この馬の本生譚《たん》には、一つの不可解なことがあります。それは後の世にお釈迦さまに生まれ変わるのは、このお話の中の果たして誰なのか……。候補者は何人かと一頭がいるように思われて、とても迷わされるのが困るところです。

おわり

水は濁さず蓮を傷めず

むかし、タイの都バーランシーに四人の大富豪がいました。それぞれよく似た年齢の跡取り息子がいて、どの家でも十歳を過ぎた息子を、都一番の学者のもとで学ばせたいと思いました。タイは仏教を中心にインド文化の影響を強く受けて人生を四つの時期に区分し、二十歳前後までを学生期《がくしょうき》と考えていて、家の跡を継ぐ息子の学びを充実させようと思ったからです。

そういうわけで、ある日、四人の息子たちは同じ先生の屋敷で出会うことになりました。年齢はもちろん家庭環境もよく似ていたので、四人の学生はたちまち互いに意気投合し、仲良しになりました。両親や家族たちも、有力な家どうしが強い友情で結ばれたのを、とても喜んだのです。

さて四人の家は、どの家も何代も続く名家で、都で知らぬ者のない家柄です。しかし富や名声と人格は、必ずしも一致しないのがこの世の習いであり、四つの家の始祖の過去を探れば、いずれも波瀾万丈の人生をくぐり抜けた人たちでした。

ある家の先祖は本家の没落を企み、その莫大な資産を秘かに我が手に収めました。またある家の先祖は商人でしたが、賄賂《わいろ》で役人に取り入り、裏取引を主として莫大な財を成しました。またある先祖は正真正銘の泥棒稼業に励んで金持ちへの道を歩み始め、最後の一つの家の先祖は政府の高官でした。高い地位についていたその先祖は、頼みごとをする人が持ってくる手土産《てみやげ》の価値の順にその頼みを聞き入れてやり、資産を築いたのでした。

これらの仕業は暴露《ばくろ》されると、世間に通用するものではありません。彼らは賢明にも程《ほど》をわきまえ、ある時きっぱりと手を引いて二度と繰り返さず、成功をかち得たのでした。大きな資産、つまり成功するための土台を手にすると、彼らは額に汗してそれを増やし、努力の様子を家族や周囲の人々に示しました。特に跡を継ぐ者を厳しく鍛え、世間の信頼と尊敬を勝ちとることの大切さを教えこんだのです。こうして何代にもわたって栄える大富豪の基礎が四つ、全く別々の道を辿《たど》って築かれました。しかし彼らはそれぞれに犯《おか》した悪業《あくごう》の報《むく》いが、身内の誰かに何時《いつ》か牙をむくのではないかとの、脅えを持ち続けていたのです。

しかしその記憶も次第に薄れ、遂に途絶えて数代を経た今、四人の跡取り息子たちは、世間一般の人生の辛苦とは全く無縁の少年時代を過ごしていました。彼らの若々しい結束は変わらず保たれて数年が過ぎ、互いの頬や鼻の下にうっすらと髭《ひげ》が萌《きざ》す頃、ようやく学業終了の時が近づきました。

「お別れの日が近づいてきたけれど、このまま家に戻って家業を見習い、平凡に家住《かじゅう》期《き》の年月を過ごす前に、皆で一度遍歴修行をしないか？　しかも親の助けを受けずにね」

一人の提案が若者たちの冒険心に火をつけました。四人は全力をあげてそれぞれの親を説得し、助けを受けずに遍歴をやり遂げることを、盟約として誓い合ったのです。

親たちは驚いたのでした。なぜなら遍歴は、人生最晩年の遊行《ゆぎょう》期《き》の姿だからです。しかし最初のうちは危ぶみ反対した親たちも、息子たちの決心と結束の固さに押されました。そして四人が一緒なら危険も少なく、若いうちの苦労は人生に役立つだろうと、結局は許すことにしたのでした。

四人は勇んで出発し、一か月、二か月と遍歴は順調に進みました。若者たちの明るい態度は人々の好感を招き、四人は行く先々の村で人の手助けをして働き、手に入れた食物を分け合いました。こうして旅路は都会から田園へ、田園から森へ、森から海岸へ、そして川筋を山地へと遡《さかのぼ》りました。

夏の盛りのある日のこと、四人は山越えで疲れ果てていました。食べ物も水も少なく互いに無口になり、ようやく木立を通り抜けると谷の縁《ふち》に出ました。下にきれいな渓流と滝が見えます。四人は元気を取り戻して岸辺に降り、水辺の岩の上に倒れ込みました。その時、一人の若者の服のポケットから光るものが一つ転がり出て、岩の上で弾んで澄んだ音を響かせました。

それは小さく古びた下げ飾りで、耳か首あるいは胸飾りに使えそうなものでした。分厚い金環は傷つき歪み、見栄えは良くありません。しかしその台に嵌《は》め込まれている紅玉《ルビー》の輝きと大きさは、一瞬にして若者たちの目を奪うほど素晴らしいものでした。それは家宝と呼んでも不思議ではないほどの古物で、いくら金持ちの家の子とはいえ、とてもその年齢の者が身につけるようなものではありません。持ち主の青年は慌てててそれを摘み上げ、もとのポケットにしまいました。そしてこんな言い訳をしました。

「ずっと以前に親父が、古いものだが護身の魔除けにせよと、くれたんだ。そのままポケットに入れて忘れていいたんだよ」

実はその下げ飾りは、かなりのむかしに本家の蔵から、深い怨みを伴って若者の家に移された宝石の一つでした。そんなこととも知らぬ若者の父親は、旅の万一の備えとして、息子に無理やり持たせたものだったのです。

一応は取り繕《つくろ》ったものの、明らかに申し合わせに反するこの出来事は、若者たちの心を波立たせました。なぜなら問題の宝石が転がり出たのは、他ならぬ親の助けを受けぬ遍歴を言い出した、当の若者のポケットからだったのです。なんだ、自分で言い出したくせに、自分はそれを守らなかったのか……。

思いがけぬ出来事に疲労が募る思いをしながら、一人の若者は自分の服の胸をそっと抑えました。そこには彼の父親が、親しい政府の役人に頼んで作らせた書状が縫い止めてあり、困った時、地方の役所に助けを求めるためのものでした。他のもう一人の荷物の袋にも、その父親の取り引き先の商館で通用する信用書が入っていました。その二人ですら宝石が転がり出たのには動揺しましたが、身にも覚えがあり、それほどこだわるわけにはいきません。しかし最後の一人だけは、怒りが次第に込み上げてくるのを感じていました。

――僕たちの友情を信じていたが、こいつには、この程度のことだったのか……。彼は盟約のために、両親とかなりの諍《いさか》いをしたのでした。それだけに、簡単には許せぬものを感じたのです。しかしその感情を、今は心の底に沈めました。

それぞれの思いを抱えて再び歩き始め、谷を越えると小さな村がありました。若者たちはその日の宿を求めて村長の家を訪れました。村長は彼らの遍歴の目当てを知って歓迎し、若者たちはそのまま村長の邸の農作業を手伝いながら、しばらく滞在することになりました。

朝から田畑の作業に没頭し、午後は滝で泳ぐ日々を過ごし、身体を十分に動かし続けるうちに鬱屈《うっくつ》は薄れ、若者たちに陽気さが戻ってきます。ある日の午後、滝壺に潜ったり身体を干したりして過ごすうちに、ひとりが言いました。

「おーい。四人で潜りっこをしようぜ。誰が一番長く水の中に潜っていられるか、競争だぞ」

皆の同意を得ると、言い出した若者は、素早く滝の底深くへ躍り込みました。他の三人も一斉に息を大きく吸い込み、水中深く潜ります。すると間もなく、最初の若者が水面に浮き上がりました。

彼は三人の様子を確かめて岸に上がり、皆の衣服が置かれている大きな岩に飛び乗りました。そして一人の若者の上着のポケットを探りました。探しているのは例の宝石です。すぐ見つけて手にとり、そのまま滝に投げこもうとしましたが、ふとその手を止めて紅玉を眺めました。急に考えが変わったか、彼はそれをすばやく自分の服に隠しました。そして再び水中に潜っていきました。

宝石を隠した若者が、潜水競争の勝者となったのは当然のことでした。一番後から水面に浮かび上がった彼は、皆の手荒い祝福と称賛を受けたのです。しかし水浴びを終え、皆が衣服を身にまとい始めると、宝石の持ち主の若者が叫びました。

「下げ飾りがなくなった！　お護りのあの宝石がないんだ」

「何だって？　どこか違うポケットじゃないのかい」

「しっかりしろ。自分のものは自分できちんと管理しろよ」

からかう言葉が飛び交いましたが、次の言葉に、その場の雰囲気が凍りつきました。

「今朝まで、いや、さっき水に入るまでは、確かにこのポケットにあったんだ！」

「そんな馬鹿な、ここには僕たちだけしかいないのに……」

しばらくの息詰まる沈黙の後、競争の勝者となった若者が言いました。

「じゃ、僕の服を確かめろよ。そうするしかないよ」

彼が服をもう一度脱ぎ始めると、他の二人も言いました。

「おまえは一番後から浮かび上がったんだ。先に僕らの服を検《あらた》めるのが順序だよ」

宝石を失い、度を失っていた若者も、さすがにこうなると、気をとりなおしました。仲間の服を検めたりすれば、友情も遍歴もどうなることかわかりません。

「いや待ってくれ、そんなことはできないよ。君たちを疑ったわけではないんだが、急なことで、うろたえてしまったんだ。仕方がないことだから、僕が父に謝ればすむことだ」

だが一瞬とはいえ、のっぴきならぬ対峙《たいじ》となりかけた以上、そのわだかまりは簡単に解《と》けるものではありません。邸に戻った四人の刺々《とげとげ》しい様子を見て、邸の人々は驚いたのでした。

その夜、邸に戻った村長が昼間の様子を家人から聞き、夕食後四人を自分の部屋に呼びました。詳しく事情を聞いた村長は、若者たちに確かめました。

「もう一度宝石を探しても見つかるかどうかわからず、しかも自分たちの結束が崩れかねない。また、持ち主が宝石を断念しても、わだかまりをなくせない、そういうことですね？」

四人の若者は、ただ頷《うなず》くばかりです。

「どうすればよいか、一晩かけてよく考えて下さい。今夜は一人ずつ、別の部屋で眠った方がいいでしょう」

四人それぞれの、苦悩の一夜が更《ふ》けます。宝石を失くした若者は、衣服を検める機会を逃した自分の弱気を悔い、宝石を無理に押しつけた父親に怒りを向け、遍歴を言い出した自分自身を呪《のろ》いました。しかし次の瞬間にはすべては仕方ないことだったと思い、諦めたり、悶々《もんもん》として時を過ごします。ただ、仲間の誰かが自分のポケットから宝石を抜き取ったという思いだけは、どうしようもなく彼を苦しめ続けました。

一方、盗み取った若者も眠れません。最初は約束を破った相手に思い知らせるだけのはずだったのに、なぜ宝石を自分のポケットに入れたのか、自分は盗みをする人間だったのか……。彼には自分が信じられませんでした。あの時は破れかぶれの開き直りで切り抜けたものの、こうなってしまったからには、絶対にボロを出さずに隠し通すほかはない。彼は何度も、自分自身にそう言い聞かせました。

翌朝村長は、若者たちによい思案が生まれたかと尋ねました。若者たちが首を横にふると、村長は言いました。

「ここからさほど遠くない小さな湖のほとりに、青蓮華堂《しょうれんげどう》という小さな寺があります。お釈迦さまの弟子だった蓮華色比丘尼《れんげしきびくに》を慕う尼僧たちが、女手だけで護り続けているお堂です。ここで修行した比丘尼には通力《つうりき》が備わり、どんな難題も解決するといいます。是非一度、相談したらどうでしょうか」

蓮華色比丘尼は大昔のお釈迦さまの時代の人で、幼い頃から非常な美貌で知られ、ウッパラヴァンナー（青い蓮華）と呼ばれた女性でした。しかし結婚生活が二度も破綻《はたん》し、遂に出家してお釈迦さまの弟子になったと伝えられています。

仏弟子として蓮華色比丘尼は人のために尽くし、法眼浄《ほうげんじょう》（真理を見通す浄らかな境地《きょうち》）を得ましたが、後に視力を失いました。しかし盲《めし》いた後、かえって常人に窺《うかが》い知れぬ通力を発揮したと言われる人です。後になって、深い悲しみや不幸に沈んだこの国の女性たちがその聖者を慕い、小さな青蓮華堂を築いてひっそりと修行を続けてきたのでした。

翌日の朝、若者たちが召使に案内されて到着したのは、さまざまな色の蓮が咲いている湖に面して立つ、ごく小さなお堂でした。少女のような尼僧たちが数人、掃除をしたり畑を耕したりして働いています。

若者たちの申し出が取り次がれ、一人ずつ話を聞くということになり、まず最初に、宝石の持ち主だった若者がお堂の中に入りました。

窓のない堂の扉を閉ざすと、暗がりが広がります。かすかな灯火が一つ灯り、その明かりの中に、入り口に背を向けて何かを念誦《ねんじゅ》している一人の尼僧がいて、振り向いて静かな眼差しを向けました。若者はその年齢の見当がつかないながら、いまだかつてどの女性にも見たことのない、気高い美しさを感じました。その目や表情には、犯し難い威厳があります。彼は慌ててその場に跪《ひざまず》きました。やがて何かに急かされるように、自分から話し始めたのでした。

自分たちの能力を精一杯試そうと遍歴を思い立ったこと。だが父の不安が思いのほかに強く、それを和らげようと宝石を受け取ったが、仲間を裏切る気持ちはなかったこと。しかし誰かがその宝石を奪って父の思いを踏みにじり、それが自分を苦しめていることなどを話し、今はどうしていいのかわからないなどと、率直に自分の気持ちを打ち明けました。語り終えた若者は尼僧の言葉を待ちましたが、彼女は何も言いません。深い眼差《まなざ》しがまっすぐに、若者の目を見つめているだけです。しばらくは持ち堪《こた》えたものの、耐え切ることはできません。彼は自分にも、宝石を頼りとする気持ちがあったことを認めました。しかし尼僧は口を開きません。遂に若者は、強いて宝石を持たせた父が自分たちの盟約を無にし、誰かの怒りを誘ったことを認めたのでした。するとその時初めて、尼僧が口を開きました。

「宝石が見つかったら、どうするつもりですか」

「はい、私のポケットに戻しても、父の手に戻しても、罪が伴います。仲間の手に渡してどうするか決めてもらいます」

その言葉を聞き、尼僧は僅かに微笑みました。そして全員の話が終わるまで互いに口をきかないことを約束させ、若者を外へ戻しました。彼はようやく心が落ち着いたことを感じ、晴々とした顔つきで堂を出ました。

次に中に呼ばれた若者もその次に呼ばれた若者も、尼僧の沈黙に耐えることはできませんでした。彼らはそれぞれに父から得た役所への依頼状や商館の信用書を心頼みとしたことを認め、自分と父親に、盟約に対する罪があることを認めました。そして宝石がどうなろうとも自分が隠し持ってきたものを皆の前に曝《さら》し、仲間に謝り、その手に委《ゆだ》ねることを約束したのです。

最後に呼ばれた若者は、堂から出てくる仲間三人の顔を見て、内部で何が行われるのか全く予測ができないと知りました。しかし何であれ、自分は隠し通すほかはない……。

尼僧の沈黙に、彼は頑とした沈黙で応《こた》えます。しかし緊張が高まって思わず若者は目を瞑《つむ》りました。どれほどの時が過ぎたか、若者は瞑目《めいもく》にも耐え難くなり、度胸を据えて再び目を開きました。非難の眼差しを覚悟していた若者は、尼僧の変わらぬ静かな目の中に、微かに自分を気遣ってくれる光を認めたのでした。その暖かな光はしかし、若者の防壁を崩しました。彼は堰《せき》をきったように話し始め、最後には涙を流しながらポケットから紅玉をとり出し、尼僧に手渡したのでした。

「あなたは盗みの罪に相当する過ちに苦しみましたが、私に話してくれました。盗みを犯さぬ者は誰一人としていませんが、懺悔《さんげ》できる者は少ないのです。それは必ず立ち直れる証《あかし》ですよ」

「……？」

「あなたはこのことを、関係のあるすべての人に話し、懺悔すべきですが、仲間にすぐ話すのは難しいでしょう。自分の親には家に戻ってすぐ話せるとしても、何時になったら友人たちに打ち明けることができるのか、少しでも早くその機会を摑んで苦しみを終わらせるように努めなさい。懺悔と和解の時が訪れて、あなたを救い出してくれることを、私はこの青蓮華堂から祈りましょう」

尼僧に促され、若者は茫然とした心持ちのまま堂の外へ出ました。先に見た仲間の三人が穏やかな気持ちでいるのがわかったのに、自分の心はまだ少しも晴れてはいないのです。尼僧に宝石を渡し、つい自分の心を見せてしまったのは、大きな間違いではなかったか……。

尼僧は裏口から若い尼僧を呼び、秘かに宝石を渡して何事かを命じました。そして自分は表口に出て、若者たちを呼び集めました。

「どうやらあなた方の問題の、解決の道筋が見えるようです。四人で宝石が失われた場所に行き、服を脱いだ大岩の周囲を、もう一度隈なく探してごらんなさい。幸運に恵まれて、失われたものを見つけることができたなら、それをどうするべきか、あなた方でよく考えてみて下さい。遍歴が成功するように、下げ飾りが見つかることを祈っています」

　半信半疑、それぞれの思いは異なるものの、若者たちは滝へと歩みを進めます。宝石を見つけることができれば救われる、三人はそう思い、もう一人は尼僧の意図を測《はか》りかねながら、打ち明ける機会をさっそく作ってくれるのか、もしそうならこれからどんなことが起きるのかと思い悩みながら、それぞれ次第に足どりを急がせます。そして服を脱いだ岩の陰に、半ば砂に埋もれた紅玉を見つけ、彼らは歓喜を爆発させたのでした。

「さあ、大事に持って帰って父上に返してくれよ」

「いや、そういうわけにはいかないんだ」

　持ち主の若者は尼僧に話した通りに、自分と自分の父の過ちを償うために、宝石を手放さなければならないと言いました。その言い分が変わらぬことを知ったもう二人は、それぞれに尼僧に告白した自分の過ちを仲間に話し、盟約違反の自分の持ち物を、皆の前に出しました。そしてそれらの告白を聞きながら、最後に話す若者は、すべてをありのままに話すのがいちばん良いと、ようやく心が決まりました。

　彼は、宝石を自分がポケットに入れたこと、直前まで滝に投げ込むつもりだったが、なぜかそうできなかったこと。盗むつもりはなかったが盗みに違いない行為をしたことに苦しみ、尼僧に罪を認め、宝石を渡したことを話しました。

三人は驚き、強い非難の眼差しを向けました。盗みは全く予想外の、見逃すことのできぬ悪だと感じられたからです。しかし尼僧と彼とのやりとりを何度も繰り返して聞き質《ただ》すうち、尼僧が四人すべての過ちに、全く同じ態度で接していることが明らかになりました。親の心遣いを秘めるのと他人の持ち物を隠すことの違い、大きな相違とも思えるが、遍歴の旅への誠実さをはかるうえで関連し、その行為を生み出した責任は果たして宝石を隠した当人だけのものなのかと、ようやく自分にも及ぶものを認め合い、ポケットに宝石を入れたことを、盗みのためだと単純に決めつけられぬと気づきました。相手の状況とその気持ちを、自分に置き換えて考えるようになっていたのです。

時間をかけて考え、尼僧とそれぞれの対話の様子も思い合わせ、若者たちはそれぞれ自分こそが、誰かを責めるより自ら顧みる事を先にすべき者だったと認め合うに至りました。そして、もう一度信じ合おうと一致し、互いに許し合うことになったのです。

若者たちは青蓮華堂に戻りました。そして尼僧に経過を話し、親たちから受け取った物すべてを、寺に寄進したいと申し出ました。尼僧はしかしそれは親に委ねよと言い、受け取りません。盟約を軽んじ和を損なった責任は親にあり、その業《ごう》の重みは息子といえども、身代わりして結末をつけることはできないと言うのです。その言葉は、若者たちを粛然《しゅくぜん》とさせたのでした。

しばらくして、気を取り直した若者の一人が言いました。

「尼僧様。あなたの通力は素晴らしいものですね」

他の若者たちも一斉に頷きます。だが尼僧は言いました。

「私に通力などはありません。真実は人の目に宿り、私はそれを見るだけです。濁った泥から何にも汚されぬ蓮華が咲き出るように、誰にもある、真実を求める心がその目を輝かせているのです。ただ、泥を掻き立て水を濁らせ続けると、花は早く傷みます。心を転がさず泥を静めて、真実の花を大切にして生きましょう」

尼僧はそう教えると、再び堂内の念誦の行に戻りました。若者たちは心に大きな喜びを抱き、再び遍歴へと旅立って行きました。

おわり

柘榴の木の下で

むかし中国の西の方、タクラマカン砂漠のオアシスに小さな国があり、ナリンという名の王子がいました。その国の人々は、天山山脈から流れてくる雪解け水で葡萄や桃の木を植え、小麦や瓜を育てて静かに暮らしていました。

しかし平和な時は、長くは続きませんでした。はるか北の草原から馬に乗った猛々しい兵士たちが襲ってきて、ナリン王子の国は蹴散らされて滅びました。王宮も民家も葡萄畑も桃畑も、仏を祀った寺まで壊され焼かれて、人々は当てなく各地に散り散りになりました。王家の人々はほとんどが殺されてしまい、辛《かろ》うじて助かったナリン王子は、ただひとりで放浪しました。

人を恐れてさまよい続け、そのうちにナリン王子は誰とも話すことができなくなり、ようやく、あるオアシスの国へ辿り着きました。そこはナリン王子の元の国とは、比べものにならぬほど大きい国です。天山山脈に近く、川水が一年中たっぷりと得られたからです。

ナリン王子はある親切な農場主に助けられ、そこで働くことになりました。しかし主人は、新しく雇った少年がまさか一国の王子だったとは知りません。言葉を話せずどこから来たかわからぬ憐れな子だが、性格は素直なようだと、農場の人々に説明したのです。しかし怯《おび》えを潜《ひそ》めた少年は、人々の間にとけこむことができません。どうしてやったらよいかわからず、人々は次第に彼を独りのままにしておきました。それに、どんな仕事をさせてみても、あまり上手《うま》くはできなかったのです。

農場主は少年を農場に続く天山山脈の裾《すそ》の岩場に連れていき、そこから農場全体を見張るという、誰もあまりやりたがらない役につけました。背後は険しい岩壁で降りてくるものはなく、目の前一面に広がる農場を見渡し、人や野獣などの近づく様子を見張るのが仕事です。そのさびしい場所を少年が苦にせず、時々に銅鑼《どら》を叩いて役割を果たし始めたので、農場主はようやくひと安心したのでした。

見張り場所には、一本の大きな柘榴《ざくろ》の木が生えていました。根元は柘榴には珍しく大人一人分ほどもの太さがあり、そこから幹は三本に分かれて大きく茂り、離れた場所から眺めると、小さな繁みのようにも見えました。根元に背中を預けて座ると、夏の暑さや冬の天山山脈からの吹き下ろしを遮《さえぎ》り、見張り役を守ってくれます。ナリン王子はこの柘榴の木の下で、下に広がる農場に目を配り、はるか彼方のタクラマカンから立ち上る陽炎《かげろう》に目をやり、何時間も独りで時を過ごしました。そして最初の夏、ナリン王子は農場の小屋で眠るよりも、柘榴の木の下で眠るのが気持ちがよいと知り、それからの彼は夕食を皆と一緒に済ますと、再び柘榴の木の下に戻り、星空を眺めながら夜を過ごすようになりました。

ある夜、ナリン王子がうとうとしていると、頭の上で何者かが動くような気配がしました。目を覚まして様子をうかがうと、自分より少し年下らしい少年が、柘榴の木の枝に座り込んで、ひときわ大きい柘榴の実を両手に持っています。

「おい。勝手に柘榴を食べてはだめだ。これは下の農場主のもので、今は私が見張っているのだ」

「それは納得できない話ですね。ここと農場とはあんなに離れていて、その間には岩屑《くず》があるばかりで、道もないではありませんか。それに水一滴も出ないこの岩場を、自分の土地だと主張する者がいるのですか」

反論されて、ナリン王子は驚きました。自分より年下の農場の子どもが、こんなにきちんと物事を考えるとは、思いがけないことでした。

「驚いたなア。どこでそんな話しかたを習ったんだい？」

「話してなんかいませんよ。あなたが私の魂《たましい》に呼びかけてくるから、私も応《こた》えただけです」

ハッとしてナリン王子は、確かに自分が言葉を声に出してはいないことに気づきました。だがそのままで、話を続けることができるようです。

「魂に呼びかけた？　そんなことできるなんて、知らなかったけど……」

「人間は誰でもそうですよ、心が自分だと思いこんでいるんだから。自分に魂があることを忘れているんじゃないですか？」

「そんなことを言うおまえは、いったい誰なんだ？」

「私は柘榴です。オッと、人間相手の場合には、柘榴の精《せい》とでも言わなきゃいけませんかね？　植物だけれど生命がありますから、魂だってちゃんとあるんですよ」

「植物が生きているのはわかるけれど、魂があるとは知らなかった。まして、人間と通じあうなんて信じられないよ」

「人間はね。小手先で言葉をあやつって騙《だま》したり隠し合ったりしているうちに、言葉だけじゃなくて、心まで本当のことから離れたんじゃないですかね。その点では人間以外の私たちや鳥や獣は、どちらもあまり心なんか当てにはしていません。言葉なんか使わないし、どちらかといえば、生まれた時から魂だけで足りているから、人間を除くと、ほとんどお互いの気持ちは通じていますがね」

「え、人間を除くとだって？……他の生き物はみな気持ちが通じあっていて、人間だけが駄目なのか？　それなら私は、その人間の間ですら、ほとんど気持ちが通じあう相手がいないのだ」

ナリン王子は気落ちし、うずくまりました。柘榴の精も静まり、枝の上で実を磨き始めます。やがて夜の空気が冷えてきて、柘榴の実の甘酸っぱい香りがあたりに強く漂《ただよ》いました。

次の夜、ナリン王子が待っていると、昨夜と同じ強い香りが漂い、少年の姿が現れました。

「ねえ君、教えてほしいのだが、私はどうしたら、ほかの人と気持ちが通じるようになるのだろうか？」

「通じたい相手に、自分の気持ちを向ければいいのですよ」

「そりゃそうだが、人が相手ではうまくいかないんだよ」

「……」

二人が沈黙すると星が瞬《またた》きます。ナリン王子は目を閉じました。やがてその目を開いた時、少年の姿が今夜は早く消えていました。谷を下る川の瀬音がはるかに届いて、どうやら秋の風が立ち始めたようでした。

三日目、四日目と同じような問答が続き、柘榴の精の答えは変わりませんでした。五日目にはナリン王子は黙っていて、柘榴の精は一晩中、枝の上で実を磨いていました。そして六日目の夜、少年はナリン王子の横に座りました。

「ナリン王子。あなたはふつうの人以上に自分の気持ちを伝える力が強いのに、なぜそんなに悩むのですか」

「君、それは買いかぶりだ。私にそんな力はないよ」

「いや、そんなはずはありませんよ。その証拠に、この大きなオアシスに何万の人がいても、私に気持ちが通じたのはあなたが初めてで、まだたった一人なのですよ。……あなたが長い間言葉を使わなかったことが、気持ちを強く集中させるのに役立ったのは確かでしょうがね」

「へぇ、そうなのか……でも、気持ちは少しも晴れてこない」

「自分の思いに、とらわれ過ぎているんじゃないのですか。それを捨てたら、楽になると解っているはずなのにね」

「……君の言う通りだと思うよ。でもね、自分の考えを変えるなんて、なかなかできないってことも、同じようにわかっているんだよ」

「私はね、人の考えを変える、確実な方法を知っていますがね」

「何だって？　いったいどうするんだね？」

「経験を広げさえすれば良いのです。新しいことに直面すればあなたは、つまりあなたの魂はそれに正しく対応しようとしますから、古い気持ちなんかにこだわらず、すぐ振りほどいてしまうでしょう。どうですか、しばらくあなたの魂を、私に預けてみたら？　そうすれば、人にはできぬ経験をさせてあげましょう」

「魂を人に預けるなんて、そんなことができるのかね。身体から外に出るのは、死ぬ時だけじゃないのかい？」

「ふつうの人間が知らないだけです。そんな人でも高熱を出して生死の境をさまよったりして、その魂が心の殻を破って表面に出てくることはありますがね。心を制御してきちんとした修行をする人が、大きな魂に出会って進む方向を示された例は、いくつか伝えられています……」

ナリン王子は考えました。

――なくなった国のことはいくら考えてみても、夢を思い出そうとするよりもはかないことだ。それに時間を費《つい》やすより、この申し出を受けて、人にはできない経験とはどんなものか、それを試みるほうが良いだろう。

彼は少年に向かって頷き、その申し出を受けました。するとたちまち王子の感覚は、相手のものと一体となりました。すべてを二人で共有し、自分ひとりで何かをすることはできないようです。

少年は一羽の大鷹を呼び寄せて柘榴の実を一つ与え、その背に乗って空高く舞い上がりました。空を行く少年の目で大地を見ると、ナリン王子は目眩《めまい》がしました。それでも少年の見るものを、自分も見ないわけにはいきません。

柘榴の精は何も言わず、しかしはっきりした目標があるように大鷹をあやつり、大きな峯を越えて飛びました。やがて眼下に初めて見る、大きなオアシスが姿を表しました。柘榴の精が目指すのはそのオアシスの真ん中にある壮麗な王城です。その中庭に降り立って鷹の背から降り、少年は王さまに会いにいきました。

「王さま。私の国のナリン王が、ルビーを詰めた大壺に真珠を一粒落としてしまい、どうしても見つけられず困っております。王さまがお持ちになるこの国の篩《ふるい》は、宝玉の篩として有名でございます。それで、どうかその篩をお借りするようにと命じ、私を遣《つか》わされました」

「何と！　ナリン王とおっしゃる方は、真珠一粒が見つからぬほどルビーを持っておられるのか？　では篩を貸してあげよう」

篩をうまく借り出した少年は、オアシスの国の外へ出ると、口から柘榴の実を出して呪文を唱え、硬くして篩の目に詰め込みました。そして二、三日して王宮に引き返し、王さまにお礼を言いながら、わざと篩を地面に落としました。透明な真紅の粒がころころと転がり、王宮の女たちが我先に群がって拾います。それを見た少年は、すました顔で言いました。

「おやおや皆さんは、そんなにルビーがお好きなのですか。それならこんな、見落としてしまった小さな屑ではなくて、もっと大きな粒を持って参りましたのに……ナリン王の鉱山ではルビーはいくらでもあり、よほど大きなもの以外は、みな捨てられているのですから」

これを聞いたオアシスの王さまは、ナリン王のようなすごい財産を持つ王に自分の娘を嫁《とつ》がせたいと思い、少年をいろいろもてなして言いました。

「わしには王女が三人もいるのでね。その一人をナリン王に嫁入りさせたいが、どうだね、間に立って口を利いてくれないかね」

「さあ、ナリン王が何とおっしゃるか……。でもご恩のある王さまの仰《おお》せです。お取り次ぎ申し上げることにいたしましょう」

再び王宮を出て柘榴の精は大鷹を呼び、急いで柘榴の根方へと帰ってきました。少年がクルリとんぼを切ると、ナリン王子の魂は、木に寄り掛かって眠っていたような、自分の身体に戻りました。

「さあ、もう説明するまでもないでしょう。嫁取りに出かけましょう」

「ちょっと待て！　王の服もなければ結納《ゆいのう》の品もないよ」

「大丈夫、私に任せておいて下さい」

生身の人間の身体で大鷹に乗るわけにはいきません。はるばると、何日も砂漠の旅をしてようやく目当てのオアシスに行き、王宮の近くの川で、二人はたっぷりと水浴びをして暑さをしのぎました。ずぶ濡れのまま王の前に出た少年は、ナリン王子を王として紹介し、言いました。

「ナリン王は、結納の宝を積んだラクダを三十頭率《ひき》いて参りましたが、荷が重すぎて、王宮の前の急流でラクダと従者が、みんな流されてしまいました。私はナリン王おひとりを、やっとの思いで救いましたが、王は着ていた服すら失われたので、国へ帰ろうとおっしゃいました。しかしその前に、わたくしがここで結んだ約束を果たしたことを証明するため、恥ずかしさを忍んでここまで来て下さいました。ではこれでご挨拶は済みましたので、君臣共々引き取らせていただきます」

ナリン王子と柘榴の精は大げさに拝礼し、引き上げようとします。するとオアシスの王さまは、ここで気を変えられては大変だと、慌てて引き止めて言いました。

「ナリン王よ、禍《わざわい》は人の世の常です。流されたものは元に帰らず、私は末娘の幸福のために、それらはもう受け取ったことにしましょう。どうか婚礼の式をあげ、娘を連れてお帰り下さい」

それで結婚式が盛大に行われ、披露《ひろう》の宴《えん》はまるまる一か月間続きました。ひと月後、ナリン王子は柘榴の精に言いました。

「結婚はしたけれど、いつまでもここにはおれない。次はどうしよう」

「心配しないで下さい。帰りには帰りの智慧が出るでしょう。それまでくれぐれも、しっぽを出さないで下さいよ」

何日かしてオアシスの王は、大臣と大勢の家来をつけて、ナリン王夫妻を送らせることにしました。すると柘榴の精は、先触《さきぶ》れをいたしますと言い、一人で走り出して行きました。

少年は、ラクダの放牧地の方へ一行を導きました。そして放牧する人々の近くへ行って叫びました。

「おーい、早く逃げろ！　大強盗団がやって来るぞ。人を見つけると皆殺しにして、身ぐるみ剝《は》いで行く残酷な奴らだ。ほらほら来た来た、もう間に合わない！」

人々は大慌てで、どうしたらいいのかと尋ねました。

「一つだけ、いい方法がある。ラクダはみんな、ナリン王のものだと言え！　そうしたら奴らも恐れて手を出さない」

　さてナリン王子の一行がラクダ飼いのそばに来た時、オアシスの大臣は、これは誰のラクダかと尋ね、ナリン王のラクダだと聞かされると、ため息をついて言いました。

「いやはやナリン王、あなたの富は素晴らしいものですね」

　その間に柘榴の精は、馬を飼う人たちのところへ走りました。

「おーい、早く逃げろ！　大強盗団だぞ」

「どうしたらいいんだ！」

「ナリン王の馬だと言って、誤魔化《ごまか》しておけ！」

　柘榴の精は次に羊の大群へ、さらに牛の大群が飼われている方へと一行を引き回し、それぞれナリン王のものだと言わせるのに成功しました。王女も大臣も、婿《むこ》となったナリン王の財産に感心するばかりです。

　いよいよ最後の仕上げとばかり、柘榴の精は一行をナリン王子の故郷へと導きます。ナリン王子の住んでいた城は廃城となって半ば砂に埋もれ、砂漠の魔物たちが入りこんで住み着いていました。柘榴の精は、魔物の王の前に進み出て言いました。

「王さま、以前この城の王子であったナリン王が大きな国を征服し、大軍を率いて凱旋して来られますぞ」

「えっ、それは大変だ。我々はどうしたらいいのだ？」

「さっそくに城を元通り以上に立派に修復し、お留守を守っておりましたと、礼を尽くしてお迎え下さい。ナリン王は慈悲深い王者ですから、きっと許して下さるでしょう」

魔物たちは大慌てで石や粘土で建物を修理し、栴檀《せんだん》や黒檀《こくたん》、紫檀《したん》をふんだんに使って天井や床を張り、窓を作り、どっしりとした箪笥《たんす》やベッドなどの家具を作りました。そして羊毛をさまざまな顔料で染めて百色の毛糸を紡《つむ》ぎ、見事な絵柄を織り出した絨毯《じゅうたん》やカーテンを作って壁や床を飾りました。それらが出来上がるのを見て、柘榴の精は言いました。

「王に紹介するまで、皆さんは奥の部屋で控えて下さい」

魔物たちを窓のない部屋へ押し込め、少年は泥で入り口を閉じると、桃の枝で作った小さい弓矢で魔封じをし、二度と出られぬように閉じ込めました。

「まあ、何て素敵なお城でしょう！　私が小さい頃に読んだ絵物語を描いた画家だって、こんな見事な細工は誰も思いつかなかったみたいだわ！」

ナリン王の妃は見事な造りの城に感嘆し、ナリン王を褒め称えました。こうして二人はこの城に仲良く住み、王子や王女にも恵まれ、ゆったりと幸せに暮らしたのでした。しかし満ち足りた月日を過ごすうち、いつの間にかナリン王の心の中で、柘榴の精の記憶が薄れていきました。

そしてある日、年老いたナリン王は城の奥の部屋の扉に、朽ちた桃の枝で作った弓矢を見つけました。不審《ふしん》に思って扉を開くと、何かが一斉に走り出る気配がしましたが、何一つ目に見えるものはありません。しかしながら城の建物はみるみるうちに崩れ去り、辺りは人ひとりいない廃墟となってしまいました。

すべてを失った老王は、悲嘆の叫びをあげました。その声が山の岩壁に谺《こだま》して、ナリン王子はハッと目を覚ましました。そこは満天の星の下、甘酸っぱい柘榴の香りに満ちた岩の臥床《ふしど》です。あたりに人の気はおろか、一切の動くものの気配はなく、風すらそよとも動きません。

——ああ、柘榴の精、君までも夢だったのか……？

すべてを知ったナリン王子は、地に吸い込まれるような悲しみに身を捩《よじ》らずにはおれません。輾転反側《てんてんはんそく》し嗚咽《おえつ》を洩らし、ついで死者のように身じろぎもせず、そのまま長い時を過ごしました。

その間に月が墜《お》ち星が巡り、天山から吹き下ろし始めた風は、心の熱気を冷まし静めるように吹き過ぎていきます。懊悩《おうのう》に沈む少年の涙が乾き始め、やがてその魂に少しずつ、理解の光が差し初《そ》めていきました。

——この世のことはまさしく夢の中の出来事のよう、はかなくそして虚しく終わるだけなんだ。それをこんなにもはっきりと鮮やかに示してくれたのは君だった。柘榴の精、君は確かに僕のそばに来たんだね。

とてもさびしく辛いが、だけど有り難う、柘榴の精。君が私にしてくれたように、私もこれからは懸命に、誰かに尽くして生きることにしよう。

ナリン王子はようやく、生きる力を取り戻したようでした。

おわり

三日月の彼方へ

むかし中国に、李子常《りしじょう》という不思議な人がいました。自分が繰り返した生まれ変わりをよく覚えていて、その魂は人間界から地獄までを、何度となく行ったり来たりしたようでした。李子常という姓名も、今終わったばかりの犬の一生の直前、人だった時の名だといいます。

さすがに、その子常の魂は疲れきっていました。生まれる時にふつうは前世の記憶は途切れるものなのに、彼の場合はそれが続いて、かえって重荷です。今度こそ超能力を持てる天界に昇りたいと熱望し、それなのに、あと一歩どうしても及ばないということを繰り返したからです。

子常のように望む境涯《きょうがい》を意識するかどうかはともかく、この世に現れるものは生命あるものないものを問わず、単細胞の微生物も人間も宇宙最大の存在である恒星も、変わりなく時間と共に衰えて分解し、また時間と共に新しく融合結合し再生され、諸行無常《しょぎょうむじょう》、生死流転《しょうじるてん》の定めに従って、生滅を繰り返し続けます。

なかでも生命を持つものは、意志を以て判断し選択して生きるため、生死の入れ代わりに際しては、たとえ小さくとも自他の生命を大切にしたかどうかで善悪を問われ、その境涯は六つに分かれていくのです。周囲の者に思いを及ぼし我が身を慎んで生きた者は、天界に昇って神々や天人としての生命を受けますが、努力が少し及ばぬ者は人の生命を受け、あるいは修羅道で阿修羅となり、周囲に構わず勝手気ままに過ごした者は畜生道に生まれて鳥獣虫魚に、あるいは草木の生を受けるようです。周りに迷惑や害を与え続けた者は餓鬼となり、意識して悪を働いた者は、帝王や貴賤だったかを問わず地獄へ落ちるしかありません。

生きるすべてのものは、前世での行為が、後《のち》の世での天から地獄までの六つの境涯のどこに生を受けるかを決めますが、ほとんどの者は自分がすべてを決めているとは気づかず、無自覚に堂々巡りを続ける状態になるので、それを六道輪廻《ろくどうりんね》というのです。

いつだったか、子常も手厳しく忠告されたことがありました。「この世に生きる者は「もとの因果は皿の縁《ふち》、今の因果は針の先」と言い、皿の上の虫のようなものだ。少々修行しても、天界に昇る道など簡単には見つからない。それどころか自分がいるのは自らしでかした業《ごう》の報《むく》いとして転落する、因果応報の断崖に囲まれた狭い皿の上であり、そこをさまよう虫一匹がおまえで、早いか遅いか、いずれ落ちるのが関の山だ」と。それと知れば、「この世は娑婆《しゃば》（サハー＝耐え忍ぶ場）だ」と心得て慎み、まじめに生きることこそいちばん大切で、欲望を満たすため天界や富貴栄達を望むのは大間違いだというのです。しかしそれも簡単には納得できません。

——私はいつ、皿の縁を避け損なったんだろう？

束の間の犬の一生を終えたばかりの李子常は、そんなことを考えながら、中陰《ちゅういん》七日目の初七日に秦広王《しんこうおう》の審判所にいました。三途《さんず》の川の渡し場近く、よく見ればあたりは亡者《もうじゃ》の凄まじいばかりの雑踏です。とはいえ話し声も足音も蚊の羽音ほどにも響きませんが、無言のような雑踏には、かえって哀しみや怒りなど切迫した思いがこもり、鬼気せまるが如き緊張感がみなぎっています。死んで七日目の亡者の集合地、六道各地の死者が集まってくるところで、生を失ったばかりの怨念と絶望が生々しく渦巻き続けます。

亡者は身体を失いほぼ魂だけの存在ですが、その魂にはこの世を生きた期間に生み出した業が染みついているので、その業が熟しきり報いをすべて果たし終えるまでは死んだらお終いとはできず、輪廻転生を免れることはできません。物質界の万物が因果律を離れることができないように、精神を持つ者は縁起を知らぬ者もあるいは天界の神々も、因縁生起の理法を免れることは不可能です。ただし転生するべき者の、次の生が決定するまでの中陰の期間は、香りだけを滋養とする、食香《じきこう》と呼ばれる状態となって過ごします。つまり身体の大きさが、人間世界でいう一ミリの約六百分の一ほどの大きさしかなくなっていて、水一滴も喉を通りません。だから中陰期間のお供えは線香一本の香りだけで事足りますが、誰に出会っても小さすぎて前世《ぜんせ》の見分けはつかず、当の食香自身が言ってくれないとわかりません。ただ新亡の亡者はここで、死んで当然だったかどうかを判定され、今終った一生の業が秤《はかり》にかけられ、それで初めて次の生へと進めます。それが初七日秦広王の、死生判定の審判の核心です。

李子常はここで、道教《どうきょう》の修行者だという男と隣り合わせました。

男は子常の身の上を聞き、こんなことを言いました。

「天界に昇り仙術を会得《えとく》するのは、歴代の中国皇帝など、一端《いっぱし》の者にとっても簡単には実現できぬ至難のことだ。生苦《しょうく》（出生時の苦しみ）で前世の記憶を無くす程度の者には、とても及ばぬ望みだ。おまえは前世での名を覚えているだけでも見込みがあるが、それなのに来世《らいせ》に向けて、何の工夫もしなかったのはどういうわけだ？　次に人間になれる保証はどこにもないが、その時のため、手を打っておくなら今のうちなのだ」

しかしどんな手を打つのか、それは教えてくれませんでした。

さてここから二七日の裁きを受けるため、三途の川を渡らねばなりません。この川は食香には桁外れの大きな川で川幅は約四百キロ、黄河も長江も溝《みぞ》の程度に見えるという大河です。渡り口は三つに分かれ、罪の微《かす》かな者は橋を渡り、軽罪の者は浅い清水瀬《せいすいのせ》を、下流の強深瀬《ごうじんのせ》の激流は悪人が渡る決まりです。人間だった者だけは六文銭を取られた上に、どうやらほとんどが強深瀬へ追いやられていきます。

李子常は四つ足で橋をとことこ渡り始め、ふと気がつくと生前の犬の姿に戻っていました。すぐそばをさまざまな動物たちや、時々は人間の子どもたちが渡っていきます。強深瀬の方をつい覗《のぞ》き見ると、人だけでなく、天界にいた者や神々らしき姿さえあり、みなが原寸大の姿に戻され、もがきながら流されていきます。

——天界に生まれても、生き方次第では強深瀬で流される。ひょっとすると、地獄へ落ちる天人や神様もいるのかもしれない……。

向こう岸も見えぬ大河を二七日までの七日間で渡らねばならず、景色を見たり考え事をする暇もろくにないのに、下手の強深瀬の様子にはどうしても目を奪われます。渡っていく者が激流に揉まれているだけでなく、時折真っ黒な怪魚や巨大な蛟《みずち》や龍などが罪人を追い回し、食いちぎる様子などが見えるからです。

李子常がようやく対岸に着くと、河原では奪衣婆《だつえば》や懸衣翁《けんねおう》といった巨大な鬼が、僅かな衣類を身につけた人間をわざわざ選り出しては身ぐるみ剝《は》ぎ、剝いだものを衣領樹《りょうじゅ》という人間の長髪のような頼りない長く細い枝の生えた木に掛け、罪の軽重を読み取っては整列させています。李子常が人の一生を終えたばかりの時なら、人間だけが酷《むご》たらしく扱われるのを、憤《いきどお》ったり見るに忍びぬと思ったかもしれません。

しかし畜生道を経験してきた李子常にとって、人の受難は当たり前のことでした。なぜなら生物はお互いにお互いを獲物とし食料とするものの、必要以上の生命は奪いません。人間ほど弱いものを思い通りに扱い、必要以上にその自由や生命を奪うものは、他にはいなかったからです。

そうか、もしまた人に戻れる機会があるなら、このことを忘れずに思い出さねばならんのだな。さっき変な奴が、何か手を打っておけとか言っていたのは、そういうことなのか。

李子常がそんなことを考えているうちに、再び微小な食香に戻された魂たちは、初《しょ》江王《こうおう》の審判所へと流れ込んでいます。

審判所とは言え、建物の中かあるいは自然の岩窟なのか見当もつかぬほど、そこは巨大な空間でした。しかも目も眩むような白い光が満ち、竜巻か旋風かと思うような強風が吹き荒れているのです。李子常も吹き飛ばされ、次第に上の方へと漂《ただよ》っていきます。下を見ると、白い山のようなものが蠢《うごめ》き、そこから風が吹き起こってくるようでした。

よく見ると、山のように見えたものは、白い法服を着た初江王の巨大な姿でした。初江王は両手に巨大な団扇《うちわ》を持ち、辺り一帯を扇ぎ立てています。すると無数の食香たちがあおられて飛び散り、あるものは下へあるものは上へと舞いながら、次第に上下六段の流れに分かれて、一つの方向へ進んでいきます。そしてその行く手には六段に重なった巨大な門が、真っ暗な口を開いているのでした。

——何度か見たようにも思うが、ずいぶんと大雑把《おおざっぱ》なやり方だな……。

李子常がそんなことを思いながら、次第に門の方へ漂っていくと、それぞれの門の上には立派な赤文字の門標が嵌《は》め込まれ、上から天界之門、人界之門、修羅道門、畜生道門、餓鬼道門、地獄之門と書かれていました。ちょっと首を傾けたりすると、その字は次々に変わり、どうやら読む者次第で、どこの土地、どの国の文字としても読めそうだとわかりました。李子常が口をあけて眺め入っていると、そばに来た誰かが、にわかに彼の前足をつかまえて言いました。

「おい、もうこのまま行く気か？　それならそれでもいいが、わしの言うことを聞いてからにしないか」

見ると、三途の渡し場で出会った、あの男です。

「あんた、いったい何者だ？」

「わしは実のところ、仙人修行をしてるんだ。時折ここに来て、何とか羽化登仙《うかとうせん》しようと狙《ねら》っているんだが、今回も天界に昇るには、少し重すぎてダメなのさ。おまえもこの高さまで来たんだから、次はわしと同じで人界に生まれるはずだ。そこでだがわしの助手にならんかね。そうすればわしがおまえにいろいろと教えてやれるから、おまえも並の人間以上にうまくやっていけるだろう。わかったな、これが手を打っておくことの、いちばん基本のやり方だ。では連絡するまで待ってるんだぞ！」

そう言うなり仙人修行者は、応答する間も与えずに李子常の両耳の後ろを両手の親指でパチンと弾きました。撥《は》ね飛ばされた李子常は、あっという間もなく人界之門へ、まっしぐらに吸い込まれていきました

今の北京《ペきん》と西安《しーあん》のちょうど中間の太原《たいゆわん》市に、玄中寺《げんちゅうじ》という有名な寺があります。阿弥陀仏を念ずる浄土教の教えをひろめた、曇鸞《どんらん》、道綽《どうしゃく》、善導《ぜんどう》という高徳の僧が三代も続いて修行したことで、全中国に知られた寺です。

寺は標高九百メートルの石壁山《せきへきざん》の山頂にあり、その麓に村があり、李《り》という猟師が住んでいました。わざわざ太原から、毛皮商人が集まって来るほどの腕前でした。

商売は繁盛していますが、彼の心は晴れません。なぜかというと、子常と名付けた息子がいくつになっても、一言も言葉を話さぬからでした。物言わぬ子は、いつの頃からか地面に絵を描いて遊ぶようになり親はそれを憐れみ、当時はまだ貴重品だった

紙を買い与え、絵を描いて遊ばせたのです。

猟師は妻と相談し、遂に猟の仕事を止めることにしました。獣の生命を奪ってきたことが、息子の苦しみの原因かもしれない、夫婦は初めて懺悔《さんげ》し、石壁山に登って深く仏に祈りました。

多少の貯えはありましたが、働かずに食べていけるはずはありません。あれこれ悩んだ末に、李夫婦は飴《あめ》作りを始めることにしました。当時の飴は水飴が中心で、もち米に麦もやしから出る糖化酵素を合わせて作ります。それならば、動物の狩りをするよりも、罪が軽くて済むだろうと思ったからでした。

暮らしは貧しくなりましたが、夫婦は一所懸命に働き、仏を念じ、息子を可愛がりました。子常も言葉を話さないままでしたが、いつしか飴作りになくてはならぬ働き手となりました。

「子常はとても賢い子だな。こうして静かに暮らしていると、猟などしていたのが、我ながら信じられない。子常に何の変わりもないが、このまま仕合わせというものかナ」

「そりゃそうですよ、おまえさん。『今の因果は針の先』って言うけれど、良いことをしても、良い験《しるし》がすぐに目の前に出るわけでは無いのでしょう」

また何年か過ぎていきます。李子常が一人前の若者となった頃、みるからに貧相な修行者が門口に立ちました。土間では飴を煮る鍋を任された子常ひとりが、仕事をしていました。

「おーい李子常、久しぶりだが、わしを覚えているか？」

子常は驚いて振り返りました。生まれて初めて耳に、人の声が届いたからです。そして男の顔を見た瞬間、彼は出生前の自分のことを、すべて思い出していました。その様子を見た相手は、にやりと笑いました。

――どうやら万事はうまくいったようだ。わしと会う前につまらぬことを聞かぬ方がよいから、どんな音も一切耳に届かぬようにしておいたのだ。

李子常の様子を確かめて、修行者はこんなことを頼みました。

「わしが石壁山にいるのは、むかしここにいた曇鸞という僧が、坊主になる前は神変を修行した人と知ったからだ。そのおかげかこの山の修行で、わしは生きたままで中陰に出入りして、仙人になるための『辟穀食気《へきこくしょっき》の法』を身につけることもできたが、穀物を避けて宇宙の気を食うと言っても、実際にはかなり腹が減る。とは言え、うっかり穀物を食すると仙気が散じるので、思いついたのが飴だ。飴は穀より発して、その毒を変じて精となす。それでかなり苦労して、おまえと飴を結びつける算段をしたというわけだ。どうだね、飴を固める工夫をし、できたら一日分の飴を大豆一粒くらいの塊《かたまり》にし、笹の葉に包んで山に届けてくれんかね」

それだけ頼んで修行者はサッと去り、別れた後で李子常は、自分の耳で音を聞くことができるのを知りました。

李子常は、それまでと何一つ変わりない暮らしを続けながら、静かに飴を固める工夫を始めました。小麦粉にくるんだり木の実に絡めたり、しかしそれでは、修行者が口に入れるはずはありません。半年、一年と日が過ぎ、ある日思案に余った李子常は、火を止めた鍋の飴を力任せにかき混ぜていました。しばらく時がたち、にわかに手が重く、動き難くなりました。飴の中の水分が飛び、熱い飴が固まり始めたのです。子常は熱い飴を小さく切って丸い粒にしてみました。しばらくすると飴は冷え、いっそう硬くなったのです。

――これだ！　これならあの修行者も満足するだろう。しかし修行者だけでなく、店のお客も喜ぶんじゃないか……。

李子常はただちに小粒の飴を笹の葉にくるんだものを石壁山に届け、修行者は予想以上の出来映えだと、大いに満足したのでした。山から戻った李子常は、さっそくドングリほどの大きさの丸飴や、それを硬くなる前に平たくした飴に、笹の枝をさし、柄つき飴として店に置きました。この新しい飴は大当たりで客が押し寄せ、両親を大いに喜ばせました。

それからしばらくして、再び修行者が店を訪れました。

「李子常よ、よくやった。あの飴のおかげで、わしは間もなく仙人になれそうだ。それで李子常、おまえのことだが、あの飴をもとに一工夫すれば、おまえも行きたがっていた仙界へ、あと一息で手が届きそうなよい手だてがあるのだ。どうだ、わしと一緒に仙界へ行かないか」

誘《さそ》いは真面目ですが、しかし子常はすぐには返事をしません。修行者の不審そうな顔を見て、子常は丁寧に言いました。

「ご親切に感謝します。しかし私は、ここでの暮らしを守ることにします。父母は阿弥陀仏の来迎《らいごう》を信じ、この世を去るのは前後するとも、仏の国で親子三人の『倶会一処《くえいっしょ》』（共に一つ処《ところ》で会う）を何よりの楽しみだと言っていて、私もその心を大切にしたいと思うのです」

修行者は沈黙しました。そしてそのまま、両手で飴をかき混ぜる作業を続ける李子常を見つめます。やがてその目がキラリと光りました。

どこから飛んで来たのか、李子常の耳に虫が止まり、若者は思わず頭を振り、それを振り落としました。すると緑色に輝く黄金虫が一匹、ポトリと煮えたぎる鍋の中に落ちました。

透明な飴の中でもがく虫、しかし飴作りに杓子《しゃくし》の用意はありません。次の瞬間、李子常は両手で鍋の底深く沈んでいく虫を探り、すくい取りました。

「痛《つう》！」

熱い飴まみれの手を胸に抱え、若者は身悶《みもだ》えます。修行者は急いでその両腕を摑んで身体から引き離し、かたわらの大きな水甕《みずかめ》の中へ漬けました。虫は李子常の手を逃れ、もがきながら水面に浮き上がりましたが、しかし若者の手の、煮え爛《ただ》れた肉は次々と指の骨を離れ、甕の底へ沈みます。それをじっと見て、修行者が言いました。

「これでは、飴職人の仕事もままなるまい。どうだ、これを潮時《しおどき》に、仙人を目指したらどうだね。今は二度とない機会なんだ、李子常よ、しっかり考えて判断しろよ。親にも楽をさせてやれるんだぞ！」

しかし李子常は両手を胸に抱えて修行者の顔を見上げ、激しく頭を横に振ります。その様子を確かめた修行者は、なおも言いました。

「おまえを仙人の道に誘うのは、決して出来心などではない。実はおまえの命数が、今日で尽きるとわかったのだ。おまえのことだから次はどこに生まれるか、何のあてもないのだろう？　そう思ったから、今の機会にわしと共々昇天させるしかないと急いで来たんだが、おまえが望まぬのなら仕方がない……。不器用だがどこか芯《しん》のある生き方をして、ひょっとするとおまえは、天界どころか仏の心に叶《かな》う者かもしれないがな。李子常よ、これ以上は仕方がないからお別れだ。だがこの世にいる間、その手では着替えもできそうにないから、なくなった手よりも、少しはよく働く手にしてやろう。それがわしからの、せめてもの餞《はなむけ》だ」

そう言い終えたかと思うと、もう修行者の姿はありません。ただ李子常は、すでに両手の痛みがすっかり無くなり、しかも自在に動くようになったと感じました。しかし手首の先は指の骨すらすっかり落ち、目に見えるものは何一つなく、外には早くも夕闇が近づいていました。

——そうか、今生《こんじょう》は今宵《こよい》限りで終わるのか……。

彼は外に出て、山に出た三日月を仰ぎました。自分の来世はともかく、自分が去った後の父と母に、どのように報いればよいのだろう……。

しばらくして考えが決まったのか、彼は紙を出し筆墨を出し、何かに取り憑《つ》かれたように、絵を描き始めました。目に見えぬ彼の手先は、まさに仙人の手のように筆を運びます。

一枚の紙には自分の仕事姿を描き、もう一枚には石壁山と玄中寺を描きました。その山の麓には、父母の店が煙を立て、風が店の旗を吹き靡《なび》かせます。しばらく画面を見つめていた李子常は、最後に頂上の木立の上に、白く輝く三日月を書き加えました。こうして二枚の絵が、宙を舞うような筆の先で描き上げられ、絵を仕上げた李子常は、次には絵に添える手紙を書き、巻いて絵の上に置きました。

次の日の朝、短い手紙と絵だけを残して息子が去ったのを知り、両親は涙にくれました。数日後ようやく気を取り直し、手紙の指示通りに作業場に息子の絵姿を貼り、居間に風景の絵を貼ると、二人の心は、ようやく少し和《なご》みました。

世間が寝静まると、絵の中の息子は土間に下り、飴作りを始めます。その姿を見ることはできませんでしたが、壁越しの息子の生き生きとした気配が、親たちの心を慰めました。

夜明けがやってくると二人は土間に立ち、箱一杯に出来上がっている飴を店に並べました。店は繁盛し、売り切れ前に買おうと人々が押し寄せます。すべての飴を売り切ると二人は店を閉め、絵を貼った土間の椅子に座ります。そして心ゆくまで息子の絵姿と、山と寺と店の絵を見上げました。

絵の月は日と共に満ち、また欠けます。新月が少しずつ太って上弦の三日月の日が巡ると、親たちは息子の絵姿に、月命日の供養を欠かすことなく給仕して暮らしたのでした。

おわり

福の神はどちら

むかし中国に、陳大《ちんたー》という身寄りがない子どもがいました。彼の家は、以前は多くの田畑を耕し、村長になった者もいて、地域の名家でした。しかし不運が続いて次第に田畑などの財産を失い、病気で若死する者もあり、とうとう幼い陳大だけが残されてしまいました。

陳家の人々は代々仏への信仰篤《あつ》く、陳大の両親、祖父母、曾祖父母の三代にわたって地域の信望を得ていましたが、世の中がどんどん変わるにつれて人情も変わり、親切心につけ込まれたり騙《だま》されたり、いろんな災難が続いてしまったのでした。

そんなわけで陳大の幼い頃は、近所の人々の憐れみで辛《かろ》うじて命をつないでいると

いう状態でした。それで子どももどうしの遊びの中でも、おずおずと皆について歩くという感じで、笑顔を見せることができませんでした。

幼いうちの子どもは誰かに丸ごと寄りかかって安心し、時に思いっきり我がまま気ままを言うことができないと、まっすぐに育ち難いものです。陳大の肩にいる同生《どうしょう》と同名《どうみょう》の二神が心配し、閻魔王《えんまおう》に相談を持ちかけました。この二神は併せて倶生神《くしょうじん》とも呼ばれますが、人がひとり生まれると必ず閻魔さんに派遣されてその両肩に乗り、一生の善と悪の行いを分担して記録していきます。つまり閻魔帳と呼ばれる長帳《ながちょう》に筆記し、その人が死ぬと、二神は記録を五七日の審判者である閻魔さんに報告するのです。左肩に乗って善を記録している同名神が言いました。

「大王さま。このままでは陳大がよい人間になれる保証がありません。三代続きの信仰心ですから、少しは助けてやって下さいよ」

「馬鹿なことを言うな！　そんなことをすると、せっかく人間に生まれた者から自浄《じじょう》其意《ごい》（自ら其の意を浄らかにする）の尊い機会を取り上げることになる。どんなに辛くても、自分のすることは自分で責任をとって生きさせねば、わしらの裁きもできんことになるではないか」

怒ってはみたものの、閻魔は実はお地蔵さん、内心はやきもきしていたところです。こっそり、陳大の町内を仕切る土地神を呼びました。

「あの子の親や、祖父《じい》さん祖母《ばあ》さんたちの気持ちを考えると、わしもほんとのところは何とかしてやりたくてナ……」

「わかりました。端《はな》から助けるというわけにもいきませんが、しばらく持ちこたえるなら、福に巡り会えるよう計らいましょう」

「ではよろしく」

さて陳大がようやく十歳になると、それまでよく世話をしてくれた隣家の主人が言いました。

「陳大よ、もう一人立ちする年齢だ。わしが元手を出すから飴屋《あめや》をしないか？　これからはお金をもうけて生きていく時代だぞ」

元手を出す代わりに、今、陳大が住んでいる道路沿いの陳家の旧門屋と、今は隣家が持っている陳家の旧物置小屋を、交換しようという条件です。少し考えただけで、陳大はその話にのりました。

それからの毎日、朝早く起き出した陳大は冷飯を湯でかき込み、銅鑼《どら》を叩きながら飴を売りに歩きました。タン、タン、タンと、小さな銅鑼を響かせて、南の村や北の村へ日がな一日歩きます。

小さい飴屋を憐れむ大人たちも買ってくれますが、お客の中心は、やはり陳大と同じ年頃の子どもたちです。陳大は幼なじみの子どもらと顔を合わせたくなくて、できるだけ遠い村へ出かけますが、いろんなことを尋ねたり尋ねられたりで気心が知れてくると、陳大は初めて出会う相手のほうが気安く感じられました。

最初のうち陳大は、自分の話でなぜ皆が大笑いするのか、よくわかりませんでした。それほど自分が貧しいということを、彼は気づかなかったのでした。ただ、笑いが商売を助けるということを、彼は次第にのみこんでいきました。

自分の話が飽きられると、陳大はあちこちで見たこと聞いたことを、少し大げさに話すようになりました。広く歩き回る彼の話を、大人もまじえて、皆が聞き耳を立てて聞いてくれることがわかったからです。これが、彼の覚えた商売のコツでした。

飴屋の商売で大儲けはできません。何しろ飴屋の行商は実に簡単で、商品は腐らず、仕入れにそれほどの智慧も要らず、売れそうな場所に行く才覚さえあれば小さな元手でできるので、ほぼ貧乏人がやるものと決まっていました。でも陳大は一所懸命に精を出して働き、お得意さんを少しずつつかまえていたのでした。その代わりいつの間にか陳大は、ホラ吹き陳さんと呼ばれるようになっていました。

陳大は青年になりました。でも銅鑼の音は変わりません。タン、タン、タン。少々の雨や風の日でも、外に出られない子どもたちの耳に、通り過ぎていく銅鑼の音が聞こえました。

晴れた日には人だかりです。

「陳さん。今日はいくら売れたかね？」

陳大は銭袋をチラと覗き、輝くような笑顔で答えます。

「大したことはありませんよ。そうねえ。元宝《げんほう》（元の時代に発行された銀貨）十枚は超えたかな……」

皆はドッと笑います。一生飴売りを続けても、金貨一枚手元に残るかどうか、知れたものではないからです。

「北の村で大イノシシを捕まえたそうだが、見たかね？」

「もちろんさ。初めはね、俺も村の皆も、見慣れぬ赤牛が村の中を走っているな、と思っていたんだよ。それがね、牙があるとわかって、それからの大騒ぎは見せたかったねぇ」

首を振り、鼻息を吹いて走るイノシシの様子を真似て走り回ると大喝采、あちらに突っこみこちらを不意打ちし、笑うお客を追い回します。笑った勢いで、いつもより多めに飴を買う人が増えました。

そしてある日、陳大の町内で寺の修築事業が始まりました。陳大がいつも荷を下ろす山門の前は、彼が来る前から人だかりがして、我も我もと人々が、寄進帳に書き込んでいました。ホラ吹き陳さんは、タンタンと銅鑼を叩きながら、その人混みに割り込んでいきました。世話役が声をかけます。

「おや、陳さん。おまえさんも、寄進につこうってのかい？」

「もちろんさ。仏さまの御宝前《ごほうぜん》で商売をさせてもらってるからね。金に糸目はつけないよ」

「おう、威勢がいいねえ。で、いくら寄進するんだね？」

「そうさね。仏恩を考えると、銀百両では少ないかな」

「えっ、本当かね！　三代前ならすぐ納得だが、今のおまえさんが毎日飴の荷を担いで、一生かかっても銀百両は無理だよ」

やりとりを聞いていた者は、お得意のホラ話かと笑いだしますが、なぜかその時ばかり、陳大はキッとなりました。

「あんたら、雄鶏にゃ卵が産めまいって笑うんだね。俺、明日の朝には銀子《ぎんす》を百枚渡すぜ。一両欠けたら俺の皮を、頭のてっぺんから足の爪先までヒン剝《む》くかい？」

世話役を見つめる陳大の目は白く光り、普段の陽気な飴売り商人とも思えません。世話役は気圧されてしまい、それを尻目に陳大は、寄進帳に墨黒々と書き込みました。周りの人はそれを見て、大きくどよめきます。

一、銀子壱百両也陳大

さて商売を終えた陳大は仕入れや買い物を済ませ、夕方遅く家に帰りました。冷えた饅頭《まんとう》を食い水を飲み、黙々と寝床に潜りこみましたが、どうしても眠ることができません。

――なぜ、あんなにムキになったんだろう。一日分の饅頭五つと翌日の仕入れで、毎日一文の銭も残りはしないのに……。いつものホラ話のノリで始めたはずの話だったのに、今度ばかりは、知らぬ顔で飴を売って済ますことも、もう無理だ。

陳大は、自分自身が信じられない思いでした。お寺の前を離れてから、何百遍となく、こじれる前の状態に戻れたらと考えました。しかしあの時の状況は、いつものホラ話とは大きく違ってしまっていたのです。寄進帳を書いた時の世話役の顔つきは、次に会う時に、わかっていたよと笑いながら帳面を消してくれそうな、そんな軽いやりとりでなかったことはさすがに陳大も承知していました。

仏さま、お天道《てんどう》さま、お月さま！　どうか助けて下され。二度と頼みごとはしませんから、どうか白銀百枚を授けて下され！

そう念じ涙を流しますが、それでどうなるものでもありません。陳大は寝床の中でのたうちまわり、呻《うめ》きました。やにわに起き上がってしばらく室内をうろつきまわり、そのうち我知らず戸を開き、深夜の戸外へ踏み出しました。

月は早くも中天に昇り、陳大を照らします。彼は辺りを憚《はばか》って声を忍んで泣き、転んでは起き、また転んでは起きてさまよいました。しかし彼を助けて楽にしてくれる徴《しるし》は何もありません。そんな陳大の様子を、ただ土地神だけが閻魔さんとの約束を思い出しながら見守っていました。

——こりゃ正念場《しょうねんば》だな。では陳大の先祖たちの信心に見合う助けを、ここでしてやらねばなるまい。その先のことは、陳大自身が持って生まれた福に任すしかあるまいが……。

考えが決まった土地神は、さっそくピカピカ光る白銀百枚を準備し、陳家の元の家の前にある地蔵の祠《ほこら》に置きました。

さて絶望のあまり力を失った陳大が路地をさまよい、もと住んでいた、生家の門屋の前へやって来ました。死ぬしかないと思い詰めた彼の目に、幼い頃拝んだ地蔵さまの祠が見えます。

祠にしがみつくようにうずくまると、ジャラ、ジャラ、ジャラリンと派手な音がして、白いものが散らばりました。

しまった！　慌てて祠を整えようとしましたが、何だか白く光るものがあります。手にとって見るとまさしく一両白銀、それが祠の前いっぱいに散らばっているのです。あっと驚きながら数えると、何と、ちょうど百枚揃っているのでした。

陳大は狂喜して跳ね回りました。

——地蔵さま！　東南西北上下《とんなんしゃぺーしょうか》と四維《しい》（西北、東北、東南、西南）の仏さま、お月さま！　どうもありがとうございます、ありがとうございます。こんな命ですが、ようこそ救って下さいました！

次々と拝み倒し、ようやく少し落ち着きました。

胸いっぱいに白銀を抱えて小屋に戻りましたが、明日までどこかへ隠しておかねばなりません。陳大は百両を竈《かまど》の前に積み上げ、燃料に集めておいた牛糞を、小屋の外からたっぷり運び入れると、その上に被せておきました。

さて次の朝早く、寺の修築を進める旦那衆が揃ってやって来ました。

「おーい、陳大さんよ。寄進の百両を今日渡してくれるそうだが、大丈夫かね？　それとも後回しにするかね」

戸口を開けると、目の前に牛糞の山があります。旦那衆がギョッと目を見張ると、陳大が起き上がりました。

牛糞の下から現れた銀百両をみて、旦那衆の目玉はさらに一段大きくなり、何人かは口までも大きく開きました。しかし陳大はニコニコといつもと同じ愛想のよさ、牛糞を払いのけて、一通り洗った白銀百両を何も言わずに耳をそろえて寄進したのでした。

朱塗りの三方に、まだ微かに匂いの残る銀を積み上げ、捧《ささ》げ持って寺へ帰る途中、旦那衆は日頃の落ち着きぶりも忘れ果て、興奮して大声で話します。

「いやはや、やはりホラ話だったってことにしようと、助け船を出すつもりだったが、とんだ恥をかくところだった」

「いやー、本当に百両持ってるとは思わなかったね！」

「没落したと見せかけて、身上《しんしょう》をたんまり隠してたなんて、さすがは陳家の跡取り。これからは、軽くは扱えないよ」

正直なところ旦那方といえども、百両一山の銀を目の前に積む芸当は、簡単にはできません。次第に口数が少なくなり、銘々に思いを胸にしまって、寺へ向かっていきました。

陳大の評判は一挙に変わりました。隣家の、飴屋の資金を出した主人の家族も召使たちも、その話で持ちきりです。奥さんは優しい気性で、幼い陳大の世話をしたので、嬉しくてたまりません。

「おまえ、陳大のお嫁さんに行くかね？」

陳大の幼なじみだった末娘の莉花《りーふぁ》に冗談を言ったりと、上機嫌です。

「そうね、私は小さい時から陳大がとても好きだったから、お嫁に行ってもいいわ」

莉花がそう言ったので母親はびっくり、慌てて父親である旦那の顔色をうかがいます。

「うーむ。わしも決して反対はせんよ。だがな莉花、嫁に行ったら、陳大がどこに財産を隠しているか、しっかり調べておかないといかんよ」

「あらお父さん。財産を狙《ねら》って、私を結婚させるつもりなの？」

「そうじゃないよ。どんな財産家でも落ちぶれる時があるものだが、落ちぶれる一方のように見えながら、その実は持ちこたえていた陳家のような例は、お手本にすべきだよ。だが、陳大が同じ調子であちこちに寄進や寄付をしていたら、どんな莫大な財産でもいつまでも続きはしない。嫁が賢くなけりゃならんのさ」

降って湧いたにわかな縁談に、陳大はびっくり仰天、しどろもどろで断ります。すると莉花が乗り込んで来て、直談判《じかだんぱん》で追求します。

「陳大！　小さい時ままごと遊びをして、あなたのお嫁さんになってたのは誰なの？私の他にあなたのお嫁さんになってた子がいるのなら、その名前を言って頂戴。私が話をつけてくるわ」

とんでもない、他には誰もいなかったと陳大は言い、結婚が決まりました。その親父はともかくも、莉花が嫌いなわけではなかったのです。さらに勘定高い親父までが陳大を見直して、自分たちの住居の横に家一軒を新築して二人に贈り、二人はめでたく夫婦になりました。

結婚しても、陳大は少しも変わりません。舅《しゅうと》が、もう少し落ち着いた商売に変えたらどうだと言っても、飴売りを止めません。資金を出すよと言われても、全く話に乗りません。陳大が商売に出かけると、莉花は夫が住んでいた古い建物を、隅々まで調べました。最初の半日で壁の隙間から屋根の裏まで調べましたが、鼠の髭が一本落ちていただけです。他に珍しいもの値打ちのありそうなものは、何一つありませんでした。他に、隠し場所なんて、どこにあるのだろう？

次の日もまた次の日も、ひょっとして見落としていないかと念を入れましたが、小屋にも新居にも、何一つありません。ひと月たって莉花は、陳大に正面から、寄進した百両の他に財産はないのかどうかと尋ねました。

「実はね。あの百両も自分の金じゃなかったのさ。誰かがお地蔵さまに供えておいたお宝を、黙ってお借りしただけさ。いや、決して皆さんを騙《だま》しておくつもりじゃなく、いつかは話そうと思ってたんだが、つい話しそびれてね……」

すまなそうな陳大の顔を、妻は黙って見つめていました。やがてその顔を輝やかせて、莉花は嬉しそうに言いました。

「陳大、それはやはりあなたのお金だわ。だって、寄進してあんなに大騒ぎになったのに、誰も返せとは言ってこないでしょ。お金はきっと、お地蔵さまがくれたのよ。……そうね。あなたはその気になればいくらでも幸運が集まってくる、そんな生まれつきの人なのかもしれないわ。先祖や親の財産なんて、もともと要らない人なのよ！では、ちょっと出かけてくるわ」

莉花は実家に戻ると、父親に言いました。

「お父さん、陳大は口では説明しきれないほどの莫大な資産を持ってるわ。だけどそれには手をつけないと言ってるの」

大きな事業を始めさせたいという娘の願いを聞いて、舅でもある父親は、大喜びで資金を出してくれました。その上、親類たちまでが陳大へ出資させてほしいと、頼んでいると言うのです。

「陳大、あなたにはすごい力があるのよ。言ったことを実行する人間だと、お父さんも皆もあなたを信じているわ。さあ早く、自分が何をやりたいか決めて頂戴！」

「うーん、確かに飴を売っても儲けは少ないね。でも子どもが喜ぶ顔は忘れられない……そうだ、飴作りをしよう！　子どもが喜ぶ飴を作るよ」

かなりの資金を手にした夫婦は、都会へ出て飴作りを始めました。ただ甘いだけの飴からきな粉飴、ごま飴と手を広げ、さらにはミカン飴、ザクロ飴、その上ハッカ飴、ウイキョウ飴などの高級品もうまくいって大当たり。とうとう町で指折りの財産を築くのに成功したのです。

子にも孫にも恵まれ大きな屋敷を建て、もう何の心配もなくなったある日、かなり年をとった陳大はひなたぼっこをしながら、ふと妻の莉花に言いました。

「今まで言わなかったが、おまえは私の福の神だったよ」

「あら？　……フフッ、陳大、やっぱりあんたは何もわかってない人ね！　だって、そちらが福の神だってことは、この私が先に見抜いたんだから」

二人は顔を見合わせ、それからクスクスと笑い合いました。しかし、しばらくすると、本当の福の神に聞かれはしなかったかと、少し心配もしたのでした。

おわり

一晩堪忍すべし

むかし中国の洞庭湖《どうていこ》という大湖のほとりの村に、威勢のいい船乗りの若者がいました。腕っぷしが強く喧嘩っ早いのですが、村の人気者でもありました。というのも彼は、一帯の町や村が参加して行われる、競渡《けいと》という端午《たんご》の節供《せっく》に行われる竜船競漕《きょうそう》の、とびきりの花形だったからです。

むかし、始皇帝の秦《しん》帝国が勢力を伸ばした頃、洞庭湖周辺を治めていた楚《そ》という国が、秦に脅かされ続けました。楚の政治家・詩人だった屈原《くつげん》が秦に対抗して楚の独立を保とうと努めましたが、楚王がすでに秦に迎合しようとしたため絶望し、五月五日に汨羅《べきら》の淵《ふち》に身投げしたのです。競渡はその屈原を助けるために、人々が竜船を漕ぎ

出したという伝説に始まる行事ですが、後に端午の節供と結びつき、人々は粽《ちまき》を作って水底の屈原に供物として捧げ、舟で洞庭湖を渡る競争をするのです。

さてこの若者は村の竜船に、毎年のように競渡一番乗りの栄冠をもたらしていました。彼は舳先《へさき》の一番櫂《かい》を漕ぎ、接戦になると、相手の舳先を突いて進路を逸らせるのでした。どの船の一番櫂もこの若者の腕力にはかなわず、進路を譲ります。こうして彼は村一番の好漢《こうかん》となり、同じく村一番の別嬪《べっぴん》と評判の高い娘を嫁にしました。ところが、婚礼から三か月後の競渡で、若者の前途は暗転したのです。

その年は久しぶりの激戦でした。激しく首位を争った相手の一番櫂の男は、何としても進路を奪おうとし、櫂《かい》で若者に打ちかかりました。反則行為に激怒した彼は応戦し、遂に相手を水中に突き落としてしまいました。

ところが相手は泳ぎも知らぬ不器用者、そのまま水に沈んでしまったのです。しかも若者にとっては運悪く、死んだ男の父親は県令《けんれい》を勤めていて、この辺り一帯では、大物中の大物といえる人物でした。

若者の身を案じた村人たちは小舟一艘《そう》を彼に与え、夜の闇に乗じて長江へと逃れさせました。わずか数か月の生活を共にしただけの妻と別れ、若者は村を離れたのです。

すべてが落ち着けば、身を守る行為として理解してもらえるだろう。若者はそう思いましたが、しかし事は簡単には済みませんでした。彼は人殺しとして手配され、役所の詮議が厳しく続いたのです。どうしようもなく、若者は潜んでいた入り江を離れ、小舟に身を託して長江を下ることにしました。

だが穏やかな湖で使われる小舟では、長江の激流を遠くまで行くことはできません。十日もせぬうちに小舟は壊れ、着物もぼろぼろになりました。川を流されてようやく岸に這い上がった若者は、そのまま動けなくなりました。岸辺を歩いていた髭《ひげ》の白い老人が、その様子を目にとめました。

「おやおや、死人かと思ったが、まだ生きているのかね」

爺《じじい》め、俺のどこが死人か！　普段なら間髪を入れずやり返すところですが、如何せん身体が動きません。仕方なく若者は、故郷を離れた経緯《いきさつ》を途切れ途切れに物語りました。

「そうか、役人に追われているのか。それでちょうど廬山《ろざん》の麓に流れ着いたとは、おまえさん見かけによらぬ果報者じゃ。それ、あの山が廬山じゃが、この道を踏み込んでいくといくつも寺がある。むかし、この廬山を開いた慧遠《えおん》という和尚を慕って、大勢の人がここで念仏の修行をするからじゃ。この山の寺の坊主なら、役人が何を言おうが、おまえをかくまうくらいは屁《へ》の河童《かっぱ》じゃろうて」

「そりゃまた、どうして？」

「それが廬山の伝統なんじゃ。廬山で修行した慧遠和尚は中国全土に名高い修行僧だったもんだから、当時の朝廷が和尚に拝謁《はいえつ》させ、皇帝の株をあげようとしたんじゃが、『沙門《しゃもん》は王者に敬礼せず』と和尚はにべもなく断り、三十年間も山を降りなんだのじゃ。それからもう五百年ほどになるが、それ以来仏に仕える沙門は、相手が皇帝といえどもこの世の人間には仕えぬというのが、仏道の伝統になったのじゃよ」

「へぇ、そりゃ気に入った。有り難う、いいことを聞かせてもらった。そんな気っぷで生きるってことなら、坊主になるのも悪くない！」

根が単純な若者は元気を取り戻すと、翌日勇んで廬山に分け入りました。そして寺を見つけては僧になりたい、弟子にしろと頼みましたが、まともに取り合ってくれる寺は一つもありません。案に相違した結果に、彼は大いに立腹しました。

――何だ、せっかく坊主になってやろうってのに、何かと難くせをつけやがって何が廬山の伝統だ。こうなりゃ頼まれたって、こんなところには居るものか！

一目散に下山してくると、山道を塞ぐように身を横たえた一人の僧が、顔の上に笠をのせて昼寝をしているようです。髭《ひげ》はぼうぼう、文字通りの乞食坊主ですが、まだ若いようでもあります。エイ、邪魔だとばかり跳び越そうとした瞬間、寝返りをうった僧の足が絡んで若者はバタリ。物の見事に転がされました。

「や、わざと足を引っ掛けたな。このクソ坊主め！」

摑みかからんばかりの勢いで喚《わめ》きましたが、相手はのんびり。欠伸《あくび》をしながらニコニコしています。

「おまえさんがわしの上へ跳びあがらねば、寝返りうつ必要はなかったぞ。それに、少し足を上げたくらいで躓《つまず》くとは、そちらも急ぎ過ぎではないか」

「何だと！　理屈ばかりよく吐《ぬ》かす。このあたりの坊主に理屈では勝てんが、せっかく修行しようと山に登った者を相手にもせず、天下の廬山が聞いて呆れるぜ」

「ハハハ、飯にありつこうとか匿《かくま》ってもらおうとか、下心だけで来る奴をいちいち相手にしてなんかおれぬのよ。それより己《おのれ》のしでかす事に、正面から向き合う者を待っているんだ」

「何だそれは。俺には仏の道は向かぬということか？」

「いや、仏道修行は思いつきでは駄目で、これしかないという強い思いがなければならんということよ。しかし仏縁不思議ともいうから、おまえさんが今、わしと問答しているのも、昼間におまえさんのやってのけた無駄骨、大草臥《くたび》れのせいかもしれぬナ。人生に無駄はない。下心を捨てさえすれば、無駄と見えたことすべてが修行になるぞ」

フンという素振りはしたものの、なぜか惹きつけられる気がします。すると、その様子を見て、僧が言いました。

「どうじゃ。弟子になれとは言わんが、修行しようという心があるのなら、わしの貧乏寺でしばらく暮らしてみてはどうじゃ」

こうして若者は妙な縁で、自分と似た年格好の僧にしたがうことになりました。この若い僧の住む庵《いおり》は日本流にいう四畳半《よじょうはん》、外回りが一丈《じょう》四方の大きさで、まさに方丈《ほうじょう》です。乞食同然のこの若い方丈さんは、庵の真ん中に小さな阿弥陀如来を祀っていて、師弟二人が鼻を突き合わせて暮らすことになりました。さて、師匠となった僧は言いました。

「まず、修行僧になる心の準備をしなければならぬ。確かめるべきは、自分はなぜ、仏の門を叩いたかだ。十分に考えよ」

作務《さむ》と呼ばれる日常生活の家事をしながら、怠らず工夫せよというのが、師匠から与えられた最初の課題です。他に説明は一切ありません。

――なぜかと言われれば、俺を死人と間違えたあの爺さんのせいか。いや待てよ、そのもとは、舟が壊れたことで……。

考えだすと次々に遡《さかのぼ》らねばならず、えい面倒くさいやと、弟子は考えるのを放り出して、作務に励むことにしました。身体を動かしていると気持ちも落ち着き、掃除に精を出し裏の空き地に畑を作りました。こまめに働くので小屋同然の庵が小ぎれいになり、畑も立派になりました。種をまくと大根、人参、芋や蕪《かぶ》などが芽を出し、どんどん大きくなります。だが作物が実ってくると、ゾロゾロと猿の大群が現れて運動会、大宴会をやらかします。

「コン畜生め！　寄るな、触るな、引っ掻くな！」

毎日が猿との大紛争になりました。若者が石ころや土塊《つちくれ》を丸めて猿に投げつけると、猿も大勢でやり返してきます。畑も庵もグチャグチャの泥まみれ。でも何もかも泥まみれでも、師僧は別に怒りません。それどころか、弟子と猿の争いを何やら楽しそうに眺めております。

ところで師僧の托鉢《たくはつ》の実入りはほんの僅かしかなく、実のところ畑がなくては、二人の腹を満たせません。弟子はいつの間にか課題も何もそっちのけで、畑作りと猿相手の戦いに明け暮れて、あっという間に十数年が過ぎました。

そのうちに廬山の中核、念仏信仰の本山である東林寺《とうりんじ》で、師僧が常行三昧行《じょうぎょうさんまいぎょう》に入る時が巡ってきました。五間四面の四角い常行堂の真ん中に阿弥陀如来像を安置し、行者が阿弥陀仏の名を称えながら仏の周囲を回り、正面で五体投地する行で、これを不眠不休で九十日間続けます。中断するのは日に一回の食事の時と用便に立つ時だけ。しかし成功すると自分の肉眼ではっきりと、阿弥陀如来の来迎《らいごう》の姿を見ることができるという荒行です。

これぞ師匠の正念場だと、弟子は猿との戦いを中断し、東林寺へ通うことにしました。お経も覚えておらず何の役にも立てませんが、そのまま庵にはおれぬ気持ちです。

——この度《たび》は阿弥陀殿、忙《せわ》しかろうがなにとぞ師僧の前に、お姿をお現し下され、お頼み申す！

九十日間、麓の庵からかなり離れた常行堂へ日参して祈りました。しかし阿弥陀仏は、今回はお出ましになられません。疲れ切った師僧を抱えるようにして、弟子は山を下りました。

師僧は身体が回復すると托鉢と礼拝の日々に戻り、弟子も久しぶりに畑に出ました。作物も疎《まば》らな畑に弟子が腰を下ろすと、爽やかな初夏の風が吹いてきます。

——これは結構な風だ。廬山は極楽と地続きか……。

九十日間の祈りの続き、弟子は半眼になって合掌しました。

ふと目を上げると、畑の向こう側に猿が何匹かいます。長年の間、弟子と争ってきた猿公《えてこう》集団の一味のようですが、何やら手を合わせて合掌しているようにも見えます。人の眼差しに気づくと、彼らは手を下ろしてこちらを見ました。

「これは、これは猿どの。我が師匠のために念じていて下さったか」

猿は返事をせず、淡々と風に吹かれています。

その夜、弟子は師匠に言いました。

「最初の課題が、少しわかったように思います」

「そうか、猿が頭を撫でてくれたか」

「はい。私が他ならぬ、猿の一匹でありました」

「……それでよし。仏の門を叩くのは、自分の真の姿を見るためだとわかったのだな。

泥だらけで争った相手も今日の相手も、ほかならぬ自分の姿を見たに過ぎなかった。そこに気がついた時、真の自分を見つける旅が始まるのだ。では、その修行の旅の支えとなるものを授《さず》けよう」

師僧は小さな紙の半分に、次の言葉を書いて示しました。

一、己《おのれ》の身に起こることは、すべて己の所業《しょぎょう》の報《むく》いである

「己の身に起こることを見て、自分がどんな生き方をしているかを深く知るなら、少しずつ己の心を調えることができよう。だがおまえにとっては、怒りの心が最後まで大きな障害になるだろう。そこでもう一つの支えを与えよう」

師僧は紙の残り半分に次の言葉を足し、弟子に渡しました。

二、この世は堪忍土《かんにんど》なり。怒りはまず一晩堪忍すべし

「これが身についた時、おまえの修行は飛躍するだろう。だがそのためには、一度は

生まれ故郷へ戻らなくてはならないぞ」

次の朝、弟子は師僧に別れを告げ、故郷へ向かいました。師僧が準備した破れ衣《ころも》と袈裟《けさ》を身につけ、食を乞い野宿を重ね、長江河畔を上流へ遡る旅は、思った以上の難行でした。三か月かけて、彼はようやく洞庭湖畔の村に帰り着きました。

しかし村に入っても彼に気づく者はなく、彼の目もまた顔見知りを見分けることがありません。そしてその日の夜、彼はようやく自分の家の近くまでやってきました。灯火の洩れる窓辺に近づいて中の様子をうかがいますと、そこには懐かしい妻の横顔が見えました。年数を経て、その美しさはいっそう深みを増したようです。しかし何と、その彼女は凜々《りり》しい若者の頭を胸に抱き、愛撫するように湯上がりの髪を梳《と》かしてやっているではありませんか！

彼は咄嗟《とっさ》に闇の中へ身を退かせ、弾む息を調えようとします。だが激しい怒りが彼の全身を揺るがせて湧き上がり、止めようもありません。歯は鳴り、目は眩《くら》みました。正式に祝言《しゅうげん》を交わしたことも忘れて、何という尻軽女めが！

軒下の薪の山から、手頃な一本を探り当てて握り締めます。あやつらを思い切り懲《こ》らしめねば、この胸が張り裂ける！

だが一歩踏み出した彼は、ぐいと後へ引き戻されました。振り向いて見ると破れ袈裟が薪の山を支える杭《くい》に絡みついていました。怒りに油を注がれる思いで袈裟を引きちぎり、弟子はそこでようやく師僧の言葉を思い出しました。

怒りはまず一晩堪忍すべし！

家の物陰にうずくまり、一睡もせずに一夜を過ごした彼の耳に、朝餉《あさげ》の支度の音が響き始めました。やがて一番鶏が鳴き東の空が白み、戸口から若い男が井戸端に立ち出ました。

「母さん、今日も晴れそうだから舟出は早いよ」

軒下の闇溜まりから一歩を踏み出し、若い男の背後に迫ろうとしていた弟子の足が止まりました。

――母さん？　こやつはひょっとしておれの子か……。

キビキビとした動作で顔を洗う若い姿を、彼は改めて見つめました。長い年月を耐え続けたその目に、キラリと光るものがあります。それははるか東の廬山のあたりに昇ろうとする、その日最初の太陽の光のようでもありました。

おわり

しょうやく、ひしゃく

昔むかしある村に、きのいちという人がいました。嫁に来る人がいなかったので、少しばかりの田畑を耕し、のんびり一人で暮らしていました。

ある日きのいちは水の増えた小川のほとりを歩いていて、小さな亀が水の中でもがいているのを見つけました。水の濁りでよく見えませんが、後ろ足が沈んだ木か石に挟まれているようでした。暇に任せてしゃがみ込んで見ると、丸い石に足を取られているようです。

――やや、ただの石と思ったが、地蔵さまじゃが……。

子亀の足をとらえているのは、何と石の地蔵でした。濁った流れが波立って、前へうつ伏せに倒れかかった地蔵の顔を、見せたり隠したりしているのですが、亀の短く小さな足がその額の辺りに挟まれているようです。

おや、きのいちが見ているのに気がついたのか、地蔵の片目が瞬《またた》いたようでした。驚いたきのいちが目を見開くとと、今度は確かに地蔵の右目がパチパチと音がするほど瞬いて、目配《めくば》せをするではありませんか。

――子亀を放してやれ、ってことだかね?

きのいちはじゃぶじゃぶと川へ入っていき、地蔵の頭を起こそうとしましたが、もう一つの大きな石が地蔵の背中に倒れこんでいます。きのいちはその石を押し退け、地蔵のからだを引き起こして亀を放してやりました。亀は礼も言わず、一目散に泳いでいきます。

濡れついでだと、きのいちは地蔵を水から引き上げました。亀を放す時は重たいように思いましたが、何と木枕ほどの大きさしかない小さな地蔵で、太った赤子のような顔です。土手の上まで運び上げたきのいちは、地蔵をまっすぐに立たせてやりました。

その夜、きのいちが眠っていると、表口の扉ががたがた開き、何だか重そうなものがドスンと土間に置かれました。しばらくすると小さい足音がパタパタと、きのいちの枕もとまでやって来て口早に言いました。

「きのいち、きのいち。お礼に臼《うす》を持ってきたよ。欲しいものがあったら、臼を右手で回しながら、自分の耳に聞こえるだけの声で願うがよい。臼を止めるときは……って言うのだよ、わかったね。覚えとくんだよ」

きのいちは寝入り端《ばな》で、眠くて眠くてたまりません。目も開けられずに礼だけ言い、また眠り込んでしまいました。

翌朝起き出すと、狭い土間に立派な碾臼《ひきうす》が一つ、どかんと座り込んでいました。ありゃ、こりゃまた、とんでもない重い礼じゃな。

きのいちは魂消《たまげ》ましたが、これはあの地蔵さまが喜んでくだされた礼じゃと納得し、さっそく使ってみようじゃないかと思いました。

――欲しいものを唱え、臼を右手で回せと聞いたように思うが、すると麦も豆も上から入れんでも、欲しいものが出てくるってことかね……。そりゃ貧乏人には結構なことだが、止める時に何と言うのだったたか……。たしか『しょうやく、ひしゃく』だったか？　うーむ、止める言葉があるってことは、それを言わないと止まらんのじゃないか……。

止める言葉を教わったことだけは、うすらぼんやりと思い出したものの、どう言えばよかったのか、どうしても思い出せません。

――まあいいや。使わなくたってお地蔵さまが気を悪くすることもないだろう。

律儀《りちぎ》なきのいちは、止め方がはっきりとわからないまま、回す気にはなれません。

それで、土間の隅に置いておくことにしました。

厳しい冬が近づきました。隣の家ではおかみさんが病気になり、小さな子ども二人が、夕方には、決まって長い間泣き続けます。

――寒いうえに腹が減ってるんじゃな。かわいそうに。

あのぶきっちょの父親一人じゃ、温かい粥もなかなか口に入らんだろうと思いましたが、自分も白湯《さゆ》すら沸かせず、水を飲む暮らしです。それに食べ物のゆとりもなし……。

だが毎日のように泣き声を聞いていると、いつまでもそのままにしてはおれません。

よし、あの臼を使って、何とかしてやろう。

きのいちは臼を持ち出して、土間の真ん中に据えました。しかしいよいよ使おうと思っても、やはり止め方が心配で、なかなか踏ん切《ふぎ》りがつきません。

――勝手に回って止まらぬと大変だ。そうだ金兵衛爺さんに聞いてみよう。そうすりゃ聞き違《たが》えかどうか、見当ぐらいはつくだろう。

金兵衛さんは村一番の物知りと、評判の年寄りです。きのいちはさっそく、金兵衛さんの家へ飛んでいきました。

「爺さん。お地蔵さまがわしに夢の中で、『しょうやく、ひしゃく』っておっしゃったんだが、どんな意味だろう？」

「何、しょうやくひしゃく？　そりゃきのいち、おまえの聞き違えだぞ。ひしゃくってことがあるか、ちそくだろう。しょうやくちそくってことだぞ。生薬《しょうやく》ってのはな、漢方薬の素《もと》になるもので、それを処方《しょほう》して混ぜれば薬になるものじゃ。漢方は処方一つで、すぐ効くようにもゆっくり効くようにもできるから、病人の様子をみて遅速《ちそく》に処方するものじゃ。生薬遅速、漢方の使い方を教わったのに、寝ぼけ耳で聞き損なったな」

「へえ、でもお地蔵さまが、何で薬のことを教えて下さるんだろう？」

「そりゃおまえ、仏法は応病与薬《おうびょうよやく》って言うんだぞ。病はいろいろあるから、それでお経も山ほどあるってことだろうが……わかったかい？　教えが薬で身心《しんじん》どちらの偏《かたよ》りにも応じて、どんな患《わずら》いも治すように教えを説くんだから、地蔵さまも漢方ぐらいはご存知じゃ」

なるほどそうかと、ひとまず合点《がてん》がいき、きのいちはそのまま家へと帰ってきました。そして臼を筵《むしろ》の上に置き、その前へ座り込みました。

手を合わせて祈り、臼の柄を右手で持って、手前へと引き回しました。

「麦こがし、麦こがし、麦こがしを一升ばかり下され」

きのいちは心の底から念じました。するとどうでしょう。出るわ、出るわ、芳《かんば》しい挽きたての麦こがしがどんどこ、どんどん。一升どころか二升、三升どんどこ出て来て、筵の上に山となっていくではありませんか。

「ひょほっ！　出た出た、やったぜ」

初めは喜んだきのいちですが、やがて青くなりました。

「しょうやくちそく。しょうやくちそく！」

臼を止めようと唱えましたが、何べん大声で怒鳴っても、回転が止まりません。

「ひゃっ、やめてくれ。もう止まれ！　しょうやくちそく、しょうやく、ひしゃく、なむあみだぶつ、なんまみだぶつ、なんまいだ！　なんまいだ！　止まってくれ！」

悲鳴のように唱えながらきのいちは、何とか臼を止めようとしますが、臼は止まりません。とうとうきのいちは、臼の上に抱きつきましたが、軋《きし》みながら、それでも臼は止まりせんでした。

グルルル……。きのいちの目が回り、着物と腹の皮が捩《よじ》れて気が遠くなりかけた時、ようやく臼は止まりました。

「ひょほっ、もう御免だ」

しかしおかげで、隣の子どもたちは元気に笑うようになりました。それだけでなく、同じように困っていた家が、この臼のおかげで寒い冬を無事に過ごせたのでした。

暖かくなって野良仕事の季節になると、きのいちも臼をしまいこみ、田畑で働きました。しかしその夏は不作で、秋の終わり頃からあちこちで、暮らしに困る家が出てきました。子どもの多い家の困っている様子を見ると、きのいちはたまりません。気は進まぬながら、何度か臼に頼みごとをしてしのぎましたが、その度に腹の皮が痛みます。

臼のことは、周りの人々に少しずつ知られるようになりました。ある夜、きのいちの家に町内の組の頭《かしら》がやって来ました。臼で組の者の年貢米を出すことにしたいのだが、という相談です。きのいちはこうなったら仕方なかろうと、臼を庄屋さまに渡し、村全体で使ってもらおうと答えました。

しかし事は、それだけでは済まなくなってしまいました。臼のことはいつの間にかお城にまで知られて、代官が、村中総出で臼を持って参れ、と命令したのです。

大きく開かれた城門の真ん中に、注連縄《しめなわ》を巻いた臼が据えられました。代官が家来を引きつれて出てくると、羽織袴の庄屋をはじめ、村の者は門の外で一斉に地面に平伏して迎えます。

「おお、持って参ったか。きのいちの授《さず》かり物とか聞いたが、なに、一人だけのものと決めることもあるまい。言うなれば城下全体への、地蔵菩薩の御恵《おめぐ》みじゃ。城を預かるそれがしが、そちたち全員の代わりに使うことにいたそう。そうじゃ、今はちょうど塩の買いつけに行く時期じゃ。塩をたっぷり出させてみようぞ」

代官は臼の柄を、ぐるぐる、ぐるぐると思い切り回しました。そして大声で、

「塩を出せ！　塩を出せ！」

と叫びました。すると臼から真っ白な塩が、むくむくと雲が湧くように溢れ出てきま

す。

「どうじゃ、わしの使い方を見たか！　われながら見事なものじゃな。うーむ、この臼はまさしく城の宝、什宝《じゅうほう》として代々に伝えようぞ」

湧きだす塩が門の外まで溢れ、あたりはもう、雪道のように真っ白です。それでも代官は頭から湯気を立て、とりつかれたように臼の柄を回し続けました。

その時、不思議なことが起こりました。城門のはるか向こうから、真黒な太い筋が、道に沿ってモグラ道のようにもごもごと盛り上がり、お城の方へ進んできます。その速いことは都からの早馬も顔負けで、みるみるうちに、皆が目を丸くしているその前に届きました
「わっ、これは水だ。水だぞ！」

はるか彼方の大川の水が、塩に吸い寄せられたかお城まで逆流し、臼の前で止まりました。塩はみるみる水にとけ、土も崩れ、道もえぐれて川になりました。城門が傾き、石垣がばらばらと崩れ始めると、代官は慌てて臼の柄から手を離しました。しかし臼は、勝手に回り続け、次々に塩を吐き出します。

「臼を止めろ！　塩を止めるのだ」

ようやく危険に気がついた代官は、大声で家来たちに命令しました。そして臼に飛び乗り、

「しょうやくちそく、しょうやくひしゃく。ちょうやく、ちしゃく！」

と泣きながら叫び立てました。しかし臼は止まりません。代官の家来、庄屋などが次々に代官の袖にぶら下がったり、背中に飛び乗ったりしましたが、臼の回るのを止めることはできませんでした。

「わっ、臼が浮かんだ。石の臼が水に浮いている！」

たくさんの塩を溶かして濃くなった塩水が、石臼を持ち上げて浮かべてしまったのでした。臼に取り付いていた人々は、慌てて飛びのきました。地面に転がり落ちて腰を抜かした代官は、口をパクパクさせるだけで声も出せません。

臼は塩水の流れに乗りました。びっくりする人々を置き去りに、臼はそのままどんどん塩を吐き出しながら大川を下り、とうとう海まで行ってしまいました。

城の帰りにきのいちは、土手に祀《まつ》った地蔵の前に立ち止まります。丁寧に頭を下げ手を合わせ、お礼参りをして家に帰りました。

その夜きのいちは、夢で地蔵に会いました。地蔵は言います。

「きのいち、私が言ったのは、少欲知足《しょうよくちそく》だよ、つまり欲少なく足《た》るを知るってことだよ。寝ぼけてしっかり聞かないんだから……だけど少々ことばを間違えても、おまえが仏の教えを守ってるってことは、臼にはわかっていたんだね」

地蔵は右目をパチリとさせ、いたずら小僧のように笑ったのでした。

おわり

夢見のうしゅの坊

昔むかし、まちゃくと、うしゅの坊という、仲のよい二人の少年がいました。まちゃくは金持ちの子で、いつも脚付きのお膳で温かい白飯を食べていましたが、うしゅの坊ときたら、家はまちゃくの家の土地をむかしから借りて建てた一間きりの小屋で、食べ物はいつも冷たい麦飯だけ。乾いた飯をざるに入れ、水に浸してほとびらかせて食べていました。

まちゃくは自分の食べ物や持ち物を、裏手に立つうしゅの坊の家にそっと運びました。するとうしゅの坊は羞《はず》かしそうに、しかし嬉しそうに受け取って、にっこりと笑うのでした。

そういう仲のよい二人が、とうとう親の跡を継ぐ年頃になりました。ある日、まちゃくはうしゅの坊に言いました。

「なあ、うしゅの坊。おまえにとって今のまんまで年をとるのは、全く拙《まず》いね。銀をいくらでも貸すから、それで商売をしたらどう？」

うしゅの坊はうなずき、銀子《ぎんす》を借りて商売を始めましたが、しばらくすると元手はなくなり、まちゃくの家の裏へ戻って来ました。そんなことを何回か繰り返し、次にまちゃくが元手を貸そうと言った時、うしゅの坊は断りました。

「俺はどうやら商売には向いてない。もうけた銀子を革袋に入れておいても、なぜだかすぐ空《から》になる。もうなんべんもおまえに迷惑をかけたのだから、これからは遠くへ行って運が開けるかどうか確かめる。もう銀は要らないよ」

まちゃくは、近くにさえ居てくれれば安心なのにと思いましたが、相手の決意が固いと見てこう言いました。

「どうしても遠くへ行きたいのなら、無理に止めはしないよ。不思議な名前を持つおまえだから、ひょっとすると商売よりも坊さんに向いているのかもしれないし、どちらにしろ旅は銭が要るもんだ。餞別に銀子五十両を渡すから是非持って行けよ」

うしゅの坊は受け取れないと抵抗しましたが、まちゃくは強引に、うしゅの坊の背負袋に押し込んで持たせました。

うしゅの坊は、村を出るとひたすら歩きました。まちゃくのくれた銀子を今度こそは大切にしようと、物乞いをしながら一直線に進みます。

ある日の日暮れ時、古い寺の門に差しかかりました。土塀はあちこちが崩れ、門の屋根瓦はてんでに勝手な方を向き、境内《けいだい》の本堂やほかの建物も崩れる寸前のような荒れ方ですが、門標には『忘我山夢見仏《ぼうがさんむけんぶつ》』と書かれています。不思議な名の仏さまだ、ここで一晩泊めてもらおうと門をくぐると、見すぼらしい坊さんがいて、うしゅの坊は坊さんに言いました。

「この寺は、なぜ塀や屋根の修繕をしないのですか？」

「誰も仏を信じないから、ご覧の通りの有り様だよ」

「そりゃまた、なぜですかね？」

「仏の教えは、『すべては必ず滅《ほろ》びると知り、少欲知足《しょうよくちそく》で暮らせば安らかだ』というのだが、村の人たちは『がんばって人を出し抜けばいい役目につけるし、金も儲《もう》かるから立派な家を建て、楽しく暮らせばいい』というのだ」

「なるほど、どちらももっともな考えのようですね。でも和尚さん、あなたには、寺を修理して仏さまを祀《まつ》る心はあるのですか？」

「当たり前だよ。仏を信ずる心が薄れているが、村の人たちは本当は、たえず明日を心配して生きている。もう一度、皆の心を安らかにするために、寺を立て直したいのだが……」

「それじゃ、私が銀五十両を寄進します。これを元手にこの寺を再建できるよう、皆で力を合わせて下さい」

うしゅの坊の言葉に、坊さんはとても喜びました。

「昨夜の夢で寺を助ける人が来るのを見たが、本当のことになるとは思わなかった。お礼にあなたがこれから、楽しい夢を見なさるように、御本尊の夢見仏にお願いしておくよ」

その夜はそこで一泊させてもらいましたが、それから何年かの間、うしゅの坊はあちこちの村や町をさまよいました。しかし、これといって楽しい夢を見ることはありませんでした。古寺の住職の言ったことは、もちろんすぐに忘れてしまっていたのでした。

ところがある村で、豆腐屋の小屋に泊めてもらった夜のことです。うしゅの坊は豆腐屋の臼で、豆を碾《ひ》きました。すると翌朝の豆腐は、なぜか飛ぶように売れました。豆腐屋は大儲け、うしゅの坊と主人は手をとりあって躍り上がります。

楽しくて声をたてて笑った途端に、目が覚めました。

うしゅの坊がぼやっとしていると叫び声が聞こえます。豆腐屋のおかみさんが豆を蒸していて火傷《やけど》をしたのです。うしゅの坊は主人に、妻の怪我が治るまで臼碾きを手伝ってくれないかと頼まれました。

初めてうしゅの坊が作った豆腐を売ったその翌朝から、豆腐屋は朝から行列ができる勢いとなりました。豆腐はすごい売れ行きです。主人はホクホク顔で、うしゅの坊におかみさんの怪我が治っても、そのまま豆腐作りを手伝ってくれと頼みました。

十日ほど手伝っていると、また夢を見ました。うしゅの坊が染物屋で働き、着物や手拭《てぬぐ》いにいろんな模様を染め付けると、すごい人気が出てよく売れる、という夢です。目が覚めたうしゅの坊は思いました。染物屋で仕事をしたら、また、夢の通りになるのかな？

うしゅの坊が染物屋に行くと言いだすと、豆腐屋の主人はとても残念がって引き止めようとしましたが、うしゅの坊はききません。それで仕方なく豆腐屋は、うしゅの坊に豆腐屋の看板を書いてくれと頼みました。

「字は下手なんだけど……」

「いやいや、あんたを引き止められないから、せめてその代わりに、字だけでもこの店に残しておいてもらおうと思ってね」

うしゅの坊は仕方なく『豆腐』と大きく板に書き、下に小さく『まちゃく書』と書き添えて渡すと、豆腐屋は喜んで看板を上げました。

さてうしゅの坊は、染物屋にも大儲けをさせました。夢で見た絵柄を染めた布を売り出すと、大当たりになりました。その次は壺屋、その次は油屋と大儲けをさせ、看板を上げさせては次の店へ移りました。

町中でうしゅの坊のことが、大評判になりました。

「次は必ず、うちの店の夢を見て下さい。ほら、金襴緞子《きんらんどんす》の枕を差し上げます。これで眠って下さいね」

枕を差し入れたり寝間着を持ってきたり、なかには今の店をすぐに出て、うちの店で寝て下さいと手を引っ張る人まで出てきました。大儲けをさせた店の主人たちも、

もう一度戻ってほしいと、

「儲けの中から、あなたの取り分を店の株にするから、いつでも戻って下さい。店の半分はあなたの物ですよ」

などと言うのでした。

ところが最初の豆腐屋の夢から一年過ぎた頃、うしゅの坊は夢を見ることがなくなりました。

「変だな、この頃少しも夢を見なくなってしまった……だけど、なぜあんな夢を見るようになったのかもわからないのだから、まあいいか」


その頃故郷の村では、まちゃくが行き詰まっていました。

「参ったな。うしゅの坊がいた頃は、誰とでもうまくいったのに……この頃は、相手になかなか信じてもらえないし、こちらも人を疑うことが多かった。いっそ遠い土地でやり直そう」

まちゃくは先祖から受け継いだものすべてを売り払って精算し、家を出ました。着の身着のままの旅で、あても有りません。

物乞いをしながらさまよっていると、偶然、お寺の前に出ました。古いお寺のようですが建物も土塀もみなしっかりとして、最近になって造り直されたばかりのようです。

境内に入ると、真新しい記念碑が建っていて、一年ほど前に解体修理が終わり、落慶法要《らっけいほうよう》をしたと刻んであります。

――へえ、一年前は、賑やかだったろうな……。

そんなことを思いながら辺りを見回すと、木札を何百枚と並べた寄進額が目につきました。その最初の札には、

『銀五十両前のまちゃく殿』

と、自分の名前が書いてあります。びっくりしたまちゃくは、住職に事情を尋ねました。住職が言うには、何年か前に、本堂の再建費用にと銀五十両を寄附した人がいて、村の人たちもその気になり寄付が続き、五百年ぶりの本堂の解体修理が完成したということがわかりました。

「そのお方《かた》が、自分は前のまちゃくだとおっしゃったので、この札を書きました。おかげで建物の再建は完成し、いよいよ本尊夢見仏ご本体の修理をするところまでこぎ

着けました。少し前に、ご本尊のお精念を抜いたところです」

本堂の中を見せてもらうと、大きな仏が全身すっぽりと白い布にくるまれて横になり、じきに修理が始まるようです。仏の寝姿はまるで大病か大怪我をして、治療を待っている人のように見え、まちゃくには仏だかうしゅの坊だか区別がつかず、涙が両眼から溢れてきました。

——生まれた時から一緒で、そばに居て当然だと思っていたが、あいつは世界中を探しても、滅多に会えないような人間だったのだ……。

まちゃくは自分がうしゅの坊を探しているのだと、ようやく気づきました。するともう、会いたくて会いたくてたまりません。しかし、どこへ行けば会えるだろう？

まちゃくは本堂に寝ておられる仏の前に額《ぬか》ずいて祈りました。どれほどの間祈っていたか、まちゃくはようやく、すっくと立ち上がりました。目の前に横たわる仏の、右手の指す方向にうしゅの坊がいるだろうと思えたのです。

その方向に、大きな町がありました。町に入ったまちゃくは、目を見張りました。なんと、あちこちの繁盛しているお店の看板には、皆自分の名前が書きつけてあるのです。それぞれの店の主人は口をそろえて言いました。

「この店が大きくなったのは、まちゃくさんのおかげなのです。だからこの店の半分はまちゃくさんのものなのです」

「そのまちゃくさんは、今どこにおられるのですか？」

「実は最近どの店にも近づかず、町外れの閻魔堂に籠もっておられます。そんなことをしていないで、お店でゆっくりして下さいと、どの店の主人も頼んでいるのですがね」

まちゃくは閻魔堂を探しあて、うしゅの坊を見つけました。

「おお、うしゅの坊。私だ、まちゃくだよ。会えてよかった……」

二人は肩を抱き合い、再会を喜びました。そして別れてからのことを、語り合いました。うしゅの坊は言いました。

「夢を見なくなって、町の人に申し訳ないような気がしていたんだ。でもおまえが来てくれて、元気が出たよ」

「こっちこそ自分が順調だったのは、みんなうしゅの坊がいてくれたからだとわかったんだよ。世話をしてるようなつもりでいた時もあったが、本当のところは反対だった……そうか、自分のことには少しもこだわらない心でいるから、おまえは仏さまに夢を見せてもらえたんだね」

「そうかな……でももう、夢は見ないほうがよいようだ。運に頼るより、まちゃくのように人に親切にすれば、そのほうが確実だよ。ねえ、この町に一緒にいようよ」

二人同時にうなずきます。そしてそれに気がつくとちょっと可笑《おか》しくて、二人は子どもの時と同じように笑ったのでした。

おわり

子さがし巡礼

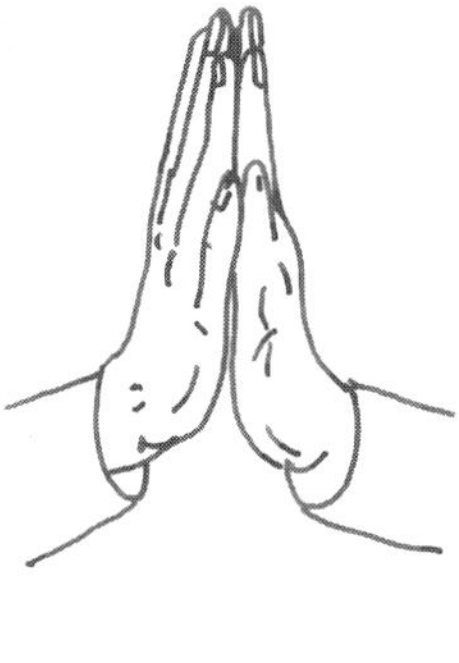

戦国の世が終わりを迎えた頃、陸奥松島《むつまつしま》に、蜂谷掃部《はちやかもん》と名乗る商人がいました。武士の出ですが、掃部の曾祖父の代に主家が滅び、一家は伊達《だて》家への仕官を求めて松島に移り住みました。しかしやがて戦国の世も収まり、浪人が新しく召し抱えられる機会はほとんど無くなってしまいました。

蜂谷家は土地も持たず家来も離れ、ひどい貧乏暮らしが続きました。遂に武士を捨てる決心をし、海で働くことにしました。そして掃部の代になって、海苔やわかめなどの海産物の商いを始めたのが当たり、かなりの身代《しんだい》を築くのに成功しました。

こうして今や商家となった蜂谷家ですが、内々では武家としての誇りを語り継ぎ、一方では厚く観音菩薩を信仰していました。松島湾に浮かぶ島々を見下ろす高台の屋敷に小さな観音堂を建て、家族で毎日の礼拝《らいはい》を欠かしませんでした。

蜂谷家は跡継ぎの小太郎もはや成人し、外から見る限り何不自由ない順調さです。しかし当主掃部の胸中には、一つの懸念がありました。それは息子小太郎の少年時代に端《たん》を発したことで、掃部にはまさかそれが、後に煩《わずら》いの種になるとは夢にも思えなかったことでした。

十年前のある日、商人として基盤を築き上げた蜂谷掃部の家に、伊達家の有力な宿老《しゅくろう》が家臣を差し向け、自分のもとに出仕せぬかと打診してきました。蜂谷家は士分の家だから、出仕すれば相応の待遇をしたいというのです。掃部は思案に沈みました。主家を離れて以来三代の辛苦が実り、武士身分を回復できるかもしれぬ絶好の機会であったからです。

しかし多年にわたる辛酸《しんさん》は、人の心を深く見抜く力を蜂谷の人に与えました。召し出しの真意は海産物の取引を抱え込むためで、武士としての実績を認めたものでないことは、掃部にはすぐ察知できることでした。しかも伊達藩直参ではなく、宿老とはいえ藩主の家臣の家人になるということは、藩内での陪臣《ばいしん》の立場にたつことを意味しています。又家来《またけらい》の立場に甘んじて上役の指示を仰ぐのでは、辛苦の上に築いた今の商家の仕事すら、思うようには進められぬかもしれない。陪臣となって父祖以来の蜂谷の誇りを保てるのだろうか……。

掃部は相手の逆鱗《げきりん》に触れぬよう、細心の注意を払いながらその申し出を断りました。浪々久しく武士の在り様を離れ、今や出仕に耐え得ずと、辞を低くして謝絶したのです。

その後このことは、掃部の心から離れました。ところがその決断は、息子小太郎に容易ならぬ影響を及ぼしていたのです。小太郎の仕事ぶりが精彩を欠き、掃部がその無気力を再三なじったとき、妻のぬいが言いました。

「おまえさま。今の小太郎は、叱ることが逆になります」

思わぬ言葉に掃部は驚き、ぬいの真意を質《ただ》しました。そして我が子の胸に武士身分への強い憧れがあったこと、それ故にその望みを絶った父の決断を、未だ受け入れ難い思いでいることを知ったのです。彼は言いました。

「世間を知らぬ故だ。そのうち、わしの考えが正しかったことがわかるだろう」

ぬいも、そのように念じていると言いました。しかし不満を母にしか洩らせなかった小太郎の胸中を、夫婦はまだその時、十分に気がついてはいませんでした。

年とともに小太郎の気鬱《きうつ》は昂《こう》じ、掃部は再三にわたり我が子を前に引き据え、詰問《きつもん》を繰り返さねばならなくなりました。存念があるならはっきりとものを言えと叱り、世間は甘くはないぞと説教し、おまえのためを思えばこそだと、愚にもつかぬことまで言いました。しかし掃部と向き合うと、小太郎は疑問や反発の言葉を発するでもなく、ただ硬直したようになり、親の言葉がどうしてもその胸に届かぬようなのです。

掃部は何とかして、親子の絆《きずな》を取り戻したいと願いました。産物買い付けの旅を任せたり、親族に意見をさせたりと手を尽くしましたが、しかし変化はありません。

冬近いある日、掃部は観音堂に籠もりました。万策尽き、ともすれば小太郎や家族、店の者に対して爆発しそうな自分の気持ちを抑え兼ねたからでした。ほとんど食事もとらぬ一昼夜二昼夜を過ごすうち、ふと菩提寺の和尚の言葉がよみがえりりました。

「仏法では、我が身に起こるすべてのことは我が仕業の所為《せい》と申します。自分をどうにか変えていかねば、何も変わりませぬ。御子息のことで悩まれるあなたは、では父上に対してどうであったか。省みられたことはおありですか？」

和尚の声が今、耳の傍らに聞こえたように思えたその時、遠い日の父の姿が彼の脳《のう》裏《り》をかすめました。

若い日の掃部に、父に逆らった記憶はありませんでした。しかし海産物の取り引きに手を染めた当初、父があまり乗り気ではなかったことを知っていました。だがその父の意向を押し退けるように彼は前へ進み、成功が確信できてからは、父も納得してくれたと思い込んでいたのです。

改めて考え直してみましたが、老年の父の姿はどうしても目に浮かんできません。何とか思い起こそうと時の経つのも忘れて努めていると、不意に、幼い自分を遊ばせながら笑う父の若々しい顔が、驚くほど鮮やかによみがえりました。その笑顔を見失うまいと、掃部は懸命に父の俤《おもかげ》を手繰り寄せます。

どれほどの時が過ぎたか、灯明の乏しい光に照らされていた観音堂の内部がにわかに白熱の光に満ちたよう、堰《せき》を切ったように自分の幼かった頃の父の姿が、彼の眼前に現れ始めました。筆を持つ我が手に手を添えて文字を書かせてくれた父、熱を出して眠っていた時の、枕元での端座沈黙の姿、新しい鍬《くわ》を手に入れ、小さな手に握らせてくれた笑顔など……。

いつしか両眼に涙が溢れ、胸を衝《つ》く切なさと懐かしさに身を捩《よじ》りながら、掃部はうずくまって合掌していました。

――ああ父上、父上、何と有り難いことであったのか……それなのに私は何一つお報《むく》いしなかった。迷惑ばかりをかけていた。

父に詫び観音にすがり、ただ懺悔《さんげ》し続けました。涙は止まることなく流れ、しかし不思議に満ち足りて、そのまま掃部は観音堂の冷たい床に丸くなり、幼児のように眠りました。

四日目の朝、久しぶりに観音堂を出た掃部は家人の気遣いをおさえ、常と変わらぬように店で終日を過ごしました。夕餉《ゆうげ》が終わって奉公人たちが引き払った後、妻のぬいは夫への思いやりを滲ませながら茶を淹《い》れ、干し柿を添えました。

「柿がうまくなると、もう冬だな。ぬい、この冬は上方へ行ってこようと思う。商用ではない。観音巡礼をしたいのだ」

驚く妻に、掃部は次のようなことを言いました。親心を知れと小太郎を責めていたが、それこそ他ならぬ自分の、親に対する仕打ちの裏返しであった。実のところは小太郎のおかげで、我が身の所業《しょぎょう》をいささか思い返すことができたのだ。堂に籠もった僅か三日三晩で、そこまで気づかせていただいたのは観音菩薩の霊験《れいけん》のおかげである。

この上は三十三所観音に詣《もう》で、我が心の暗い淵をもう少し確かめて、悔過《けか》の行を積みたいと思うのだ、と。

悔過行とは、自分の犯した過ちを観世音菩薩の前で自発的に懺悔し、滅罪生善《めつざいしょうぜん》を念ずる行のことです。東大寺二世実忠《じっちゅう》和尚が兜率天《とそってん》に赴《おもむ》いた折りに十一面観世音菩薩に伝授され、それを二月堂の修二会《しゅにえ》に写し、現在はお水取りとも呼ばれているのが、この国の悔過行の発祥といわれます。

「でもその間、お店のことはどうなりましょうか?」

「それは心配するな。春以後の手筈《てはず》を組み直し、皆が分を尽くしてくれるようにする。すでに軌道に乗った店だから、主《あるじ》不在でも皆の暮らしを立てるだけのものは生みだせるだろう。一年ばかりの間、おまえがその束ねをしてやってくれ。ひょっとして小太郎にとってもよい転機になるやもしれぬぞ」

こうして掃部は白装束の背中に笈《おい》を背負い、初冬の一日、あわただしく巡礼の旅に出で立ちました。仙台から奥州街道を白河へ、そして千住《せんじゅ》から江戸に入り中山道《なかせんどう》を美濃へ向かい、まず、谷汲山華厳寺《たにぐみさんけごんじ》の十一面観音を目指しました。

中山道へ入って間もなく、掃部は同じ道筋を後になり先になって行く同年配の巡礼者と、いつしか会釈《えしゃく》を交わす間柄となりました。連れ立つでもなく会釈一つでまた別れるのですが、時には短く天候のことなどで言葉を交わします。その巡礼者と華厳寺観音堂の籠もりで共に一夜を過ごし、その後も十一面観音堂で、何度か顔を合わせることがありました。

「十一面観音に心を寄せておられるのですか？」

近江の札所を巡り、京への峠を越えて掃部が一息入れた時、また連れ立った例の男が尋ねました。年の暮れも迫るある日のことです。掃部は頷《うなず》き、観音悔過を心がけた巡礼をしていると答えました。すると相手は森隼人《もりはやと》と名乗り、同じく悔過の巡礼をしていると言い、一気に身の上を話し始めました。

森隼人は出羽鳥海山《でわちょうかいさん》の麓で広い山林を持つ、山主でした。末娘タエの縁談を婚礼の直前に相手の都合で破談にされ、それ以後、娘の処遇《しょぐう》に困り果てていると言います。家内に先立たれて男手だけになったという焦りもあり、娘のあまり気乗りせぬ話と知りつつも、隼人は強引に縁談をまとめたそうです。ところがそれが破談となると、どうしたことかタエは、人前に顔を出さなくなってしまいました。

「娘が私を責めるのなら、まだしも納得できるのです。ところが私に憚《はばか》るのか、あるいは自信を無くしてしまったのか、人を避け特に私に怯《おび》え、安らぐ時のない有り様となりました。自分の思慮が足りなかった故のことで、不憫《ふびん》でなりません。どうしようもなく、何日も仏に祈り、妻に詫びました。すると夢枕に立った家内がいつの間にか十一面観音の姿になり、観音悔過を行ずるがよいと告げてくれました。姉娘にはすでに婿を取り、跡を取らせる段取りはできていましたので、そちらのほうにすべてを任せ、旅立ってきた次第です」

語りながら隼人は項垂《うなだ》れ、掃部も吐息をつきました。そして自分も全く同じ思いの巡礼なのだと、小太郎との事など一切を、包み隠さず相手に話したのでした。

思いも目当ても全く同じだった二人は、それからは連れ立っての巡礼となりました。

「子を思いやるとはいえ、そのほとんどは、我が身勝手の迷いに過ぎませんでした。亡き自分の親のほうへ心が向いて、ようやく自分の煩悩の深さに気づいたような次第です」

「私は幼いうちに両親と死に別れ、親の情けを知らずに育ちました。そんな私がとにもかくにも親らしくしておれたのは、すべて家内のおかげでした。その家内に先立たれて、すっかり地金《じがね》が出たのです。ふだん朗《ほが》らかで懐《なつ》いていた娘が怯える姿を見て、つくづく自分の情の薄さを思い知りました」

歩きながら口から出るのは、どちらからも繰り言ばかり。しかし互いに心を許せる同行《どうぎょう》を得て、足どりは少し弾みます。その後はすべての行動を共にして、洛中札所から大和へ、そして札所ではないが観音悔過行発祥の東大寺二月堂にも籠もり、さらに紀州路から摂津播磨《せっつはりま》を巡って橋立成相寺《はしだてなりあいじ》から松尾寺へ、そこから琵琶湖竹生島宝厳寺《ちくぶじまほうごんじ》観音堂に詣で、西国三十三札所を打ち終えたのでした。

谷汲山へ結願《けちがん》御礼の再度の参籠をし、二人は帰途につきました。すると胸中に帰国後のことが思われて、どちらも次第に口数が減ります。中山道の山中を黙々と足を運ぶうち、ふと第三番紀伊の国粉河寺《こかわでら》の御詠歌が掃部の口からこぼれました。

ちちははのめぐみもふかき粉河寺

ほとけのちかいたのもしのみや

御詠歌はすべて花山院《かざんいん》の御製《ぎょせい》と伝えられますが、日本人の心の最も深いところを歌ったものとして愛誦され、なかでもこの粉河寺の歌ほど、多くの人が口にしたものはないと言われました。

粉河に『子可愛《かわい》』の意味を掛け、その父母の愛にも似た仏の慈悲に身を委《ゆだ》ねようと願い、仏の誓いに頼る我が身を『頼もしの身や』と歌って、粉河寺の中に祭る丹生《にう》大明神《だいみょうじん》社の呼び名である『たのもしの宮』に掛けています。

いつしか二人で声を合わせて繰り返すうちに、森隼人が言いました。

「掃部さんにお願いがあります。我が娘をしばらくでも手もとにおいて、心をほぐしてやってはいただけませんか？」

「私でよければ、お力になりましょう。もしタエさんが心を許してくれれば、きっと元気を取り戻せます。そうだ！　その間小太郎も、あなたのもとで一息つかせてやって下されば、あやつも立ち直れるかもしれません……それにまことに厚かましい望みなのですが、二人が縁に結ばれるなら、どれほど有り難いことか」

「それこそ私の願いです。そこまで言うのも憚《はばか》られて……」

期せずして思いが重なり、二人はその場に立ち止まって顔を見合わせ、互いに笑顔がこぼれます。次いでワハハハハと大笑いが湧き上がり、久しぶりに腹の底から笑い、互いに肩を叩き合って道端に座り込みました。しかしそのうち、どちらも高々と手を合わせ、西国の空へと祈りました。

白河の関まで来ると、そこで道は分かれ、二人はそれぞれの家路を急ぎました。そして出立からほぼ一年後の秋、蜂谷掃部は陸奥松島の我が家に帰り着いたのでした。

しかし彼を待ち受けていたのは、思いもよらぬ悲報でした。跡取りの小太郎が、父の出立後ひと月もせぬうちに、急な熱を発して呆気《あっけ》なくこの世を去ったというのです。臨終の床で父上父上と、繰り返しあなたを呼んだとぬいは語りました。しかしその妻の言葉が耳に届いたかどうか、掃部は張りつめた気持ちが切れたよう、一瞬にして虚脱《きょだつ》してしまったのでした。

病人のように一室に籠もり、ぬいの世話を頼りに暮らしていた掃部を立ち直らせたのは、はるばる鳥海山からやって来た森隼人の娘、タエでした。父の隼人が巡礼から帰国した翌年の初夏、ようやく雪が消えた山を越え、松島へとやって来たのです。彼女は隼人からの手紙を携《たずさ》えていました。

「家に帰ると、親心もわからず、心配をかけた自分をどうか許してほしいと、娘が心から謝ってくれました。そして、陸奥松島までただの養生では行きたくない、蜂谷家へ正式に縁組を申し入れてほしい、もし中山道でのお話の通り受け入れて下さるのならば、精一杯に努めたい。タエはそう申しております」

そう書かれた手紙を読み、掃部は声をあげて泣きました。

「一人立ちも叶《かな》わなかった小太郎に、何と有り難いおふたりのお気持ちでしょうか。親としてこれほど嬉しいことはありません。しかし小太郎は死にました。あなたを嫁にはできないのです」

しかしタエはたじろぎませんでした。こんな自分をお気に召さぬとあれば仕方がないが、もしそうでなければ嫁として仕えさせてほしい、夫に先立たれても、父上と母上に孝養を尽くして生きたいと言うのです。

いくら説得しても、やって来た娘は聞きません。掃部とぬいは相談して鳥海山の森家に使いを立て、詫びの言葉と共に娘を家に戻してやってほしいと頼みました。しかし隼人の返信は、娘の望みを受け入れてやってもらえないかと、誠意を尽くした願いでした。

こうしてタエは、蜂谷家の嫁として掃部夫婦と暮らしました。息子を失った掃部とぬいの夫婦は、不思議な縁で嫁とした一人の娘にその心を満たされ、天寿を全《まっと》うしたのです。

歳月が流れ、舅《しゅうと》と姑《しゅうとめ》を送った蜂谷タエは松島瑞巌寺《ずいがんじ》で髪をおろして出家し、心月《しんげつ》紅蓮《こうれん》と名乗る尼僧となりました。蜂谷家の墓はそれ以後瑞巌寺で祀られ、今日に至りました。また紅蓮尼《に》が工夫して作り出したと伝える短冊《たんざく》形のせんべいが「おこうれん」と呼ばれ、これも長く松島のみやげ品とされたということです。

おわり

夫婦は二世の契り

昔むかし山の中のあるところに、太郎という若者が両親と共に住んでいました。年頃になったものの博打《ばくち》が好きで遊んでばかりなので、親はなんとかして立ち直らせたいと思い、旅立ちを勧めることにしました。

「太郎よ。まともな仕事につき、一日も早く嫁を見つけてこい」

借金が嵩《かさ》んで誰にも会いたくなかった太郎は、しめたと親の言葉に従って家を飛び出し、どんどん山を下りていきました。ところがどこからまちがったのか、鳥も飛ばぬ陰気な場所に迷い込み、ようやく日暮れ近くなって、かなり大きな構えの一軒家に出くわしました。太郎が一夜の宿を求めると、出てきた主人らしい大男が言いました。

「泊めてやろう。その代わり、ひと月だけ働いてくれるか」

人手が足りなくて困っているが、給金は金二枚でどうだという条件で話がつき、太郎は次の日から働き始めました。牛馬の世話をして過ごしましたが、あと二日で奉公が終わるという新月の日、主人が馬に荷鞍《にくら》と轡《くつわ》をつけ、俺の後についてこいと命じました。

この家での仕事納めだと馬二頭の引き綱を両手に持ち、主人と一緒に険しい山道を上っていくと、古い山城の下に出ました。瓦も壁も窓格子も真っ黒塗りですが、いつ見捨てられたか知れぬ破れ城です。主人が言いました。

「あの天守の窓は、新月の夜だけ通り抜けられる。ここで少し休み、日が暮れたら天守によじ登って中に入れ。すると大きな木の長櫃《ながびつ》があるからその蓋を開け、中のものをあの窓からどんどん下へ投げ下ろせ。俺の先祖のものだから遠慮は要らん。だが急ぐんだぞ」

日が暮れ、太郎は屋根に這い上がり、天守の中へ入りました。手さぐりで長櫃の蓋を開けて驚きました。中には何と小判がぎっしり詰まっています。下からは主人が、早くも金切り声で、

「オーイ、ぼやぼやするな、早く投げろ！」

しかし、すでに太郎は身動きできません。なぜかと言えば天守閣全体がグラグラ揺れるばかりか、恐ろしく大きな黒装束の男が現れ、太郎の首根っこを摘《つま》み上げたからでした。

「おのれ、こそ泥めが！　また、はらわたを抜いて干してくれるワ」

「あっ、ご勘弁を！　まだ何も取ってはおりませんが」

「何だと……フム、なるほどナ。ではおまえの雇い主が、どれだけ使用人を死なせたか見せてやろう。そら、この壁に掛けた九九枚の人間の標本だ！　悪趣味な壁飾りだが戒《いまし》めだ。もしおまえがただの一枚でも小判に手を触れていたら百年目、いや百枚目になっていたんだぞ。まだ手を汚していなかったから処刑はせんが、もう泥棒の手先はやめて正業に就《つ》け！　とはいえおまえら人間は小さくて、この世界では一人前には通用せんから、すぐには稼ぐこともできんだろう。わしはこの地域の巡視者だが、おまえが悪人ではないと判断し、とりあえずここで掃除人に採用してやろう。ひと月に二両の手当てだが、それでいいか」

大男によると、太郎を連れてきた男はこの国では稀ないかさま師で、弱い人間を見つけてはおびき寄せ、古物を探して荒らす不届き者なのだと言います。あんな者におびき寄せられるとは、おまえの性格にも欠陥がある証拠だから、わしに出会ったこの機会に、真正直な生き方に戻るように自分を訓練せよ、と大男は言いました。

巡視者は黒白定かでない動きをする者を見張り、現場を押さえると逮捕し、その場で裁き処分する権限を、委任されているのだそうです。黒装束は巡視する時の制服だと言います。そして太郎に、怪しい者を見つけても手出しはするな、この世界にはおまえの手に負えるような程度の者はおらず、仕事は掃除だけで十分だと言いました。

あっという間にひと月過ぎ、巡視者がまわってきて太郎に尋ねます。

「どうだ、住み心地は？」

「結構だよ。でも親のことが少し心配だけど」

「ここへ来たからにはもう会えん。なんぞ楽しみは？」

「そうだな、サイコロ二つと筵《むしろ》が一枚あればいいナ」

「丁半《ちょうはん》を、ひとりでどうする。勝ちも負けもないではないか？　ま、それでいいのなら、それ、サイコロ一組だ」

またひと月たって、巡視者が言いました。

「太郎、なかなかよくやってるな。住み心地はどうか」

「親の言いつけなんだけど、嫁がひとり欲しいね」

「フム、嫁か。では明後日、池に行って木の陰に隠れておれ。すると白い鶴が三羽下りて水浴びをするはずだ。二羽はすばしこくて手に負えんが、一羽はぼんやりしているから、不意を襲えば捕まえられるだろう。捕まえたら容赦せず、羽根を三本抜いて取り上げろ。見つからんように隠すんだ。返してくれろと泣きつかれても、絶対に返すなよ」

明後日、太郎の前で三羽の鶴はボチャボチャと水浴びし、おっとりとした一羽が捕まりました。太郎が羽根を三本抜くと、そのとたんに鳥は若い娘になりました。どうか意地悪はやめて、羽根を返して頂戴《ちょうだい》と頼みますが、太郎は聞きません。

「どうだ太郎、結構な嫁御ができたナ。これから給料は二人で四両にするから、嫁さんにも働いてもらえ」

巡視者は太郎に親切でした。太郎を連れて天守の屋根裏の隠し部屋に行き、鶴の羽根三本を箪笥《たんす》の引き出しにしまって、その引き出しの小さい鍵を太郎の手に渡しました。

こうしてひと月ごとに巡視者が来て、太郎にどうだと尋ねます。

「仕事は楽だし結構だよ。でも一度家に戻って、親に安心させたいんだ」

「やめた方がいい。せっかくの仕合わせが台無しになるぞ」

「しかし、今が不仕合わせだよ。親に金もやりたいし……」

仕方なく巡視者は大きな鍵を太郎に渡し、里帰りを許しました。鍵の使い方は自然にわかるんだそうです。

女房を連れて城をかなり離れると、山道はずっと前へ続いているようなのに、急に前へ進めなくなりました。夢の覚める前のような妙な気分で、半分目を瞑《つむ》りながら目の前を滅多やたらに探っていると、鍵穴らしき手触りがあります。貸してもらった鍵を差し込んで回すと、カチリと目が覚め、目の前に太郎の見慣れた故郷が現れました。しかも出てきたお城を小型にしたような黒い家があり、太郎の名前の表札が掛かっています。

おや、今までとは話が変わってきたのかと慌てて周りを見回しましたが、女房は驚いた顔つきで傍におり、箪笥の小さな鍵もちゃんと着物の袂《たもと》の中にあります。何とも有り難いことに、自分の生まれた両親の家までが、すぐ近くにあるのが見えました。

「やれやれ無事に着いたのか……。お父《と》、お母《か》、今帰ったぞ」

「あら、どなた様で？」

「お母、おまえの息子の太郎だよ。ほら、嫁コもらったぞ」

「まあ、私らにも確か息子がおりましたが、やっとか前に飛んで出たきり、手紙一通寄越《よこ》しませんが」

太郎は気がつきました。どうやら今はまりこんでいるところでは時間がゆっくりしているようだが、もといた世界は時間がかなり早く過ぎるようなのだと……。それでも父と母に根気よく話し、息子だと納得させました。家もあるぞと誇らしく、両親を黒い屋敷に連れていきました。

老人夫婦は目を丸くして、息子の出世を喜びます。それで太郎の方も調子よく、家の中を隅々まで案内して回りました。屋根裏の隠し部屋まで見せたのが間違いで、老人たちは是非とも、箪笥の中も見せてくれろと言います。太郎は仕方なく、引き出しの鍵を開けました。するとそばにいた女房が、その時だけはいやに素早く、中に入った三本の羽根をひったくりました。

「おい待て！」

とめる間もあらばこそ、驚く太郎とその親の前で女房は鶴になりました。

「やめろ、そこまでだ！」

太郎は両手を広げて女房だった鶴を押し止めようとします。しかし鳥は空に飛び、太郎はにわかにただひとりとなり、何も無くなった緑の原っぱに取り残されました。

仕方なく親の家に戻ると、さっき訪れたばかりの家は跡形もなく、あちこち探しながら村の墓地に行くと、親は墓標の下ですでに朽ちている始末。手元に残った鍵だけを頼りに、とぼとぼと元の黒い破れ城に戻りました。巡視の黒装束が言います。

「おい太郎、あちらはどんなものだった？」

「ひどい目にあった。嫁さん、どっかへ逃げちまった」

「言わんことではない。どこへ飛んだか、わしにもわからん。ま、鳥のすることだ。ほかの楽しみを探せ」

「そんな薄情なことを言わずに、何か手がかりは？」

「フム、鳥だから畜生道を探るのが本筋だが、人から鳥へ早変わりするところを見ると、ひょっとすると天界の者……天界はわしにも手に負えんが、畜生道なら簡単だ。馬小屋か牛小屋に行け」

さっそく馬小屋に行って栗毛に尋ねてみました。

「鶴の降りる池ならここの他にもあるが、百里も向こうだ」

太郎は十日の休暇を取り、ついでに栗毛も借りて走ります。見慣れぬ風景の中を走り続けて三日、大きな池の傍に着きました。彼方で大地を揺るがすような音が轟《とどろ》いていて、その上空に毒々しい濛気《もうき》が立ちのぼっています。栗毛が言いました。

「あちらの方へは近づくなよ」

「なぜだい？」

「三途の川が流れてるのさ。水も空気もひどい汚れようだから」

三途の川と聞いてギクリとはしたものの、そこは怖いもの見たさでそばへ、しかしあっと言う間もあらばこそ、川から立ち上る濛々《もうもう》たる毒気にあたってバタリと倒れます。

栗毛に思い切り蹴飛ばされ、太郎はハッと気がつきました。

「何してるんだ。せっかく嫁さんが飛んできて、おまえはどこかと探してたのに……諦《あきら》めて帰ってしまったぞ」

「何だ、俺を探してたって？　そんなら、何で勝手に飛んで出たんだ、あの阿魔《あま》が！」

情けないやら腹が立つやら、ショボショボと城へ帰りました。見回りから戻ってきた口の悪い巡視者も、さすがに今は何も言いません。

しばらく何事もない日が続き、太郎が鬱々《うつうつ》としていると、鴉《からす》がやって来て、窓越しに居合わせた黒装束に言いました。

「嫁御はやっぱり天からお出ましですぜ。でも急がないと」

「よくやった。太郎ぐずぐずするな、早く行け」

太郎が外に飛んで出ると、栗毛も待ち構えていて乗せてくれます。鴉を先頭にカアカアパカパカと走りに走り、大きな山の麓に来ました。頂上が雲に隠れた大きな山がヌッと立ち、麓の一帯は目を見張るほどの大草原、その中に青玉のような美しい湖が光っています。

「カアカア、カアちゃん、あそこにいるぞ！」

鴉に教えられて水辺に走り寄ると、群がって飛んでいた鶴の一羽が、空を滑るように太郎の傍に降り立ちました。

「あなた、お久しぶりです」

「何で、勝手に飛んで行ったんだ？」

「あなた、あちらを見て頂戴。目の前の山がこの世を支える須弥山《しゅみせん》で、ほら、中腹の下天《げてん》の東西南北に立派な御殿があるでしょ。それが順に持国天《じこくてん》、広目天《こうもくてん》、増長天《ぞうちょうてん》、多聞天《たもんてん》の四天王のお住まいで、私はその下天の全体を巡回してお世話する、何人かの侍女《じじょ》のひとりなの。つまり仕事があるのよ。仕方がないので戻ったけれど、あなたのことは忘れてないわ。それに赤ちゃんができるので、できるだけ早く天界に来て、育児のほうもしてもらわなくちゃネ。だから迎えに来たのよ」

「そんな身の上とも知らず、それじゃ、おまえにとても悪いことをしたんだな。でも子どもが生まれるのなら、会いたいなア」

「あなたが下界にいるままじゃ、子どもの誕生を待たずに寿命の終わりが来て、あなただけ死んでしまうのよ。親子が会うためにはどうしても天へ昇ってくれなきゃ、こちらも困るのよ」

下天の天人たちは、人間界の五十年を一昼夜とする一生を送るので、赤ん坊の誕生まで、太郎は千年以上も長生きしなければならず、途中で寿命も根気も尽きてしまうのは間違いありません。

「わかった。どうしたら天へ行けるのだ？」

「天へ転生するには毎日を慎み、すべての生命を慈しめばいいんだけど、あなたのご気性じゃ、毎日を慎むなんてどうしたって無理でしょ？　それにもしそうできても、それじゃ自分の子よりも、うんと年下になっちゃうのよ。だから天の瓜の種を持ってきたの。これを畑にまき、芽が出たら空の方へ伸ばさせて、それに乗って登ってきて頂戴」

そして女房は太郎にてきぱきと、芽の育て方を説明します。

「へぇ、瓜の芽に乗れるなんて初めて聞いた。それでなぜ瓜なんだ？」

「天に住む者は殺生を避け、実と種子を分けて食べるものと、花の蜜だけしか口にしないのよ。果物や瓜が主食で、早作りやおそ作りなどいろんな種類が作られているわ。ま、一度乗ったらわかるから。落ちないでね！」

できるだけ早くと言い残して女房は天に戻り、太郎はさっそく城の畑に、天の瓜の種子を蒔きました。水をやると、すぐさまチョロリと黄色い芽が出ました。女房の言った通りにすぐに風呂桶を逆さに被《かぶ》せて光を遮《さえぎ》り、上から重石《おもし》をしっかりと乗せました。巡視者は太郎の退職を認め、準備を手伝ってくれます。

「ねえ、ここは天界でなし人間界でもなし、いったい何処《どこ》なんです？」

「まだわからんのか、修羅道だ」

「へえ……なるほどね。でも人の世と歩いて行き来できるのはなぜ？」

「もともと俺たち阿修羅は天にいたんだが、帝釈天《たいしゃくてん》の野郎と戦争して負け、人界や海底など、下のほうへ落とされたんだ。人界と高さが似たもんで、時々行ったり来たりする奴が出る。おまえがこちらへ来たように、人間世界へもこの頃は、阿修羅が大勢、紛れ込んでいるぞ」

説明しながら餉《かれいい》（弁当）を袋に、水は大瓠《ひさご》に入れ、太郎に背負わせます。阿修羅は人以上に苛烈《かれつ》で容赦《ようしゃ》のない性格のはずですが、この黒装束のように揉め事の相手とならぬ限りは案外親切な相手です。

「さあ風呂桶を少し持ち上げるから、中へもぐり込め。黄色っぽい双葉が見えるか？その間に跨《また》がって、自分の身体を縄で縛れ。しっかり縛らんと振り落とされるから気をつけろ。では秒読みを始めるぞ。五、四、三、二、一、発進！」

巡視者が瓜に被せた風呂桶を、さっと取り退《の》けました。太陽の光が射し込むと瓜の芽は目が覚めたかのように首をふり、次の瞬間、唸りを上げ空へ向かって伸び始めました。

「ひゃっ、こりゃ大変だ！」

太郎は悲鳴を上げて瓜の蔓《つる》にしがみつきました。最新品種超高速早作り瓜は、空へ駆け上がる龍さながらに蔓をくねらせ、風を切って天空へと突進します。山々の頂上を跳躍し雲を突き抜け、宇宙のど真ん中目指して伸びていきました。

——腹が減った、喉が乾いた……。

瓜の動きに慣れた太郎は、飴を口に含んでは瓢の水を飲み、旅を楽しむことにしました。もう地上は見えず、代わりに赤や青、黄や緑色に星が瞬き、月が側を通りすぎ、次に眩しいほど明るく暑くなりました。

「うわっ、焦げそうだ！」

太陽のすぐ側を通りすぎると瓜の成長の速度が落ち、次に何も見えぬ真っ暗闇を通り抜けると、静かでゆったりした畑の真ん中に出ました。瓜は程よい高さで止まってのんびりと風に揺れ、縄のほどけた太郎はごろりと下へ落ち、女房が微笑みながら近づきます。

「あなた、ようこそご無事で」

「うん、赤ちゃんは？」

「まだよ……」

見渡す限りの広い平地の向こうには、だいぶ細くなった感じですが、見慣れた須弥山が聳《そび》え、頂上はやはり雲の中です。

「これからここで暮らすにしても、俺は何をすればいい？」

「仕事のこと？　大丈夫、そのうちにあなたにしかできないことを、天王さまや皆さんが見つけてくれるから」

「へぇー。だけど俺はもともと天人ではないのに、天王とかご近所にお世話になって、どう挨拶すればいいんだ？」

「挨拶は要らないわ。あなたはもう天人になったんだから、ここで、するべきことをして生きるだけよ」

「……なるほど俺はもう天人か。そう思えばいいんだな」

瓜の蔓で宙を飛びながら、時々頭をかすめていた懸念が軽くなって、太郎はゆったりとした気分になりました。それで、改めて女房の顔をよく見ると、なかなか美人に見えます。

「おまえ、べっぴんだな」

「あら、そのつもりで私を捕まえたんじゃなかったの？」

「うーん。捕まえる前には、あまりはっきり見えなかった」

「縁は不思議ね。そんなでも、二世の契《ちぎ》りなんだから」

「そうか二世か……。じゃ、次の世もよろしくナ」

「あら、今が次の世なのかもしれないのよ。何しろ出会ったのは下界なんだから……」

女房はすかさず脅しにかかります。元気者の太郎にも、どうやら苦戦が始まったようでありました。

おわり

夢地蔵

むかし、奈良の西ノ京に、ひとりの老いた法師がいました。捨て子だったのを拾われて寺の稚児となり、成人して正式に僧となる資格を得て、唯識《ゆいしき》を学んで名を知られる学僧となりました。

若い頃はさほど自分の生い立ちを思うこともありませんでしたが、五十歳を目前に、深い感懐《かんかい》を覚えるようになりました。せっかく人と生まれても乳飲み児幼児のうちに、あるいは二十歳を目前に夭折《ようせつ》しても不思議とされぬ時代です。捨て子に過ぎなかった自分が生き残り、寺に住んでも僧となれる者は限られる制度の中で、最高の学問である唯識を深く学ぶ機会をも得たのです。

ひとたび目を寺外に向けると世相はさらに無残を極め、『子取る者有り。誰人《だれひと》の所業か知らず。ある子は取り返し、ある子は打殺さる。悪瘡《あくそう》の薬にその肝《きも》を使う』などという日記が残っている時代でした。捨て子や子買いだけでなく、陰では富貴の者のため、童《わらべ》の血や油、内臓などが取引きされていました。それだけに法師は、自分が人として人生を全うしているのを、当たり前とはどうしても思えなかったのでした。

——私は、地蔵菩薩の深い恵みを受けてきたのに違いない。

その思いを強くしたのです。地蔵菩薩はその頃すでに、幼い者の守護者としての信仰を集めていたのでした。

法師は唯識を学び続けながら地蔵菩薩に思いを向けてきましたが、遂に寺を離れて名を改め、自ら蔵観《ぞうかん》と名乗ることにしました。地蔵菩薩の化身なりとも拝みたいという気持ちを籠めたのです。それからの蔵観は、菩薩の霊験の現れたと言われるところを訪ね、全国あちこちを行脚《あんぎゃ》するようになりました。

蔵観はある時、遠江国天竜川《とおとうみのくにてんりゅうがわ》のほとりを旅していました。折しも梅雨時でにわかに激しい雷雨が始まり、蔵観の歩く堤よりはるか下の広い河原に、濁り水が広がり始めました。行き悩んだ蔵観が道端の木の根方に腰を下ろし、雨宿りしながら河原を眺めていると、何だか急に半醒半睡《はんせいはんすい》の、不思議な気分に襲われました。その時彼の目に、溢れる水に追われて逃げ惑う小さい人影がいくつか見えたのです。蔵観は身動きもならず、ただ気を揉むだけでした。しかし不思議なほど素早く天候は回復し、水も引いていきます。蔵観がほっと一息ついた頃には、天竜川の河原には早くも陽が差し、大河は何事も無かったように滔々《とうとう》と流れています。

蔵観は夢から覚めたように我に返り、再び旅を続けるため歩み始めました。ところが後方から大勢の呼び声が聞こえます。どうやら自分を呼び止めているようです。振り返ってみると、地元の者らしき大人や子どもたちが、口々に呼びかけながら追い縋《すが》ってきました。しかし子どもの一人が、この坊さんじゃなかったと言い、すると皆は蔵観をその場に置き去り、再び前方へと駆け出していきます。驚いた蔵観は一番後になった男を呼び止め、どういうことかとわけを尋ねました。その男は息が切れ、それ以上は走れなかったようで呼びかけに応じ、蔵観に事の次第を説明してくれました。

昨日の出水の前に、村の子数人が河原の砂の上に、棒切れで法師の絵を描き、お地蔵さまだと拝む真似をして遊んでいた。ところが雷が鳴り雨も降り出して、河原はあっという間に恐ろしい様相になり、子どもたちは竦《すく》んでしまった。水嵩《みずかさ》が増し、まさに子どもが流されそうになった時、ちょうど蔵観のような墨染め衣を身にまとった一人の法師が現れて、自分の身を水に浸しながら次々に子どもたちを抱き抱え、堤の上へ助け上げてくれた。今日になって昨日溺れかけた子どもの一人が、助けてくれた坊さまを見たと言い出したので、礼を言おうと皆で探しに出てきたと言うのです。

「すると、水が出たのは昨日のことだったのですか？」

「はい。朝のうちは今日と同じで、上天気だったのですが」

蔵観はこの話を聞きながら、一日のずれが不思議で首を傾《かし》げていましたが、はっと気がつきました。

――さきほど、半分醒め半分眠るような不思議な気分に襲われたのは、あれは仏の世界を見せていただいていたのではなかったか……。人の世の五百年が極楽の一昼夜と聞いたこともあるが、人の世の一日にお地蔵さまが働かれた一刹那を、私は夢として見せていただけたのではないか。この経験は、蔵観の心をいっそう強く定めました。そのうち必ず地蔵菩薩の姿を間近に見せていただけると、彼は確信を持つことになったのでした。

しかし、それからどれほどの年月を歩き続けたか、地蔵菩薩を拝するという願いは、簡単には実現しませんでした。思案を重ねた蔵観は、地獄こそ地蔵菩薩が最も多く顕現されるところだと考え、主として火を噴く山々を訪ね歩くようになっていました。

ある年の真夏のことです。蔵観は上野国《こうずけのくに》、現在の群馬から、長野や新潟につながる山岳地帯へと踏み込んでいました。確かにこのあたりには火山が多く、名もしれぬ山が、夜中に真っ赤に火を吹くのが見られました。

長旅が続き、蔵観はかなり疲れていました。高山だが気温が高く、何とか体力を維持するよう、慎重に歩みをすすめていましたが、夕方になると身体は熱を帯びやすく、目がくらんで歩けなくなることがありました。しかし火を噴く地獄があると聞くと、蔵観は一歩一歩を踏みしめ、そちらへ向かって進んでいくのでした。

ある山で杉林を越えようとし、蔵観は急に胸苦しさを感じて立ち止まりました。目の前が真っ暗で一歩も前へ踏み出せず、倒れまいと、蔵観は辛《かろ》うじて立ち止まりました。そのままどれほどの間か、火炎の赤を背後に隠したような暗闇に、彼はしばらく立ち続けました。

ようやく胸の圧迫感が収まり、立ち直って小さな山里に入った蔵観は、その夜、見すぼらしい一軒の家に宿を借りました。

その家には、腰の曲がりきった老婆が一人で住んでいました。他には飼い主にひけを取らぬほどのよぼよぼの牛が一頭、小屋で飼われているだけのようです。しかし蔵観が座った囲炉裏の辺りまで、老婆が牛を叱っているらしい険しい声や、小枝か笞《むち》で叩く、お仕置きのような物音が聞こえました。

――これはこれは……お年寄りだが、かなり情の強《こわ》い方らしいな。

それでも無愛想きわまりない婆さんは、冷えた粟粥《あわがゆ》を一碗もてなしてくれました。そして、なぜこんな辺鄙《へんぴ》な山奥に来たのかと、蔵観に尋ねました。

「私は大和の僧ですが、地蔵菩薩のお姿を拝したいと念じ、霊験のあったという地を訪ね回っております。東国には菩薩の遺跡が多いと聞き、はるばると旅をしてきました」

「それは坊さんとも思えぬ考え違いじゃ。むかしから地蔵さまは、夜明ける前にすでに一働き、外歩きをなさるとか言う。それゆえ人の音せぬ早朝に外に出て励む者が、思いがけぬ時に地蔵菩薩のお姿を拝めるのじゃから、大和におって励めば良いのではないか」

「いや、それはもっともですが、実際にはなかなか会えませぬ。少しでも見込みの多いところへと思うのも、人情というものではありませんか」

「地蔵菩薩ともあろう方が、どの地を好むというようなことはなさるまい。夜の風の音雨の音など、人が寝床でぬくぬくと過ごす間《ま》の、物の声こそ地蔵菩薩の働かれる息遣いや足音なのだとむかしから言うのに、この頃の者は己《おのれ》が勤《いそ》しむこともせず、口上《こうじょう》の達者ばかりが増えておる」

老婆の容赦のない口調に、さすがに蔵観も辟易《へきえき》しました。何年か前に天竜川で、そこはかと無き菩薩の霊験に近づけたように思えたものの、その後は何ということもなく、徒《いたずら》に年を重ねる我が身が不甲斐なく、情けないと思っていたからです。そんな蔵観の心を、多少は慮《おもんぱか》ってくれたのか、老婆は付け加えます。

「しかしせっかくこんな山奥まで来られたからには、菩薩に会えるかどうかはともかくとして、しばらくここで励まれるのも良かろう。おまえさまに身体を動かす気があるのなら、粟稗《あわひえ》と藁床《わらどこ》だけだが、このあばら家のものを用立ててもよいぞ」

――物言いが厳しいわりには、思いやりがあるということか。それとも人手がないので、私を働かせるつもりなのか……。

蔵観もすぐにはどちらとも見当がつきかねましたが、この辺りを知るにはよい足掛かりになると思い、老婆の申し出を受けることにしました。

次の日、暗いうちから焚き付けの枯れ枝集めをさせられた蔵観が、背負子《しょいこ》にいっぱいの枯れ枝を運んで帰ってくると、牛のいる小屋のあたりで泣き声が聞こえました。どうも牛の声のようでなく、不思議に思って窓から覗《のぞ》いてみました。老婆に厳しく叱られながら、まだ幼い男の子が泣いています。次々と浴びせられる叱声《しっせい》にたまりかね、蔵観は小屋の入り口を開けて中に入りました。その姿を見て老婆は、舌打ちせんばかりの口調で言います。

「この子は月の二十四日の生まれなので地蔵《じぞう》と名付けたというが、牛の草を刈るどころか、朝寝はするわ寝小便はするわ、大食らいだけが取り柄の不調法《ぶちょうほう》者じゃ。両親に早く死別したのが不憫《ふびん》で養うてきたが、これではうちの牛が痩せてしまうぞ。いくら折檻《せっかん》しても懲《こ》りないとは、人の子とはいえ情けない」

そう言いながら、手にした小枝でビシビシと子どもの肩や背を叩きます。地蔵と名付けられたという男の子はすっかり怯《おび》え、老婆の顔を見上げては、悲鳴のような泣き声を上げるばかりです。見かねた蔵観は言います。

「お婆どの。同じ寄食《きしょく》の者どうし、この子が少しは役に立つよう、私が仕込んでみましょう。しばらく預けて下され」

苦情を言い続けながら、それでも老婆は、地蔵を蔵観に任せました。二人は草刈り籠を背に、追い立てられるように外に出ました。

「地蔵よ。親が先立ったからには、ばば様に気に入られねば生きていけぬよ。私が草の刈り方を教えてやろう」

話しながら小道を行くと、泣き止んだ地蔵はわりにしっかりした足どりで歩き、時には蔵観の手を引っ張るほどでした。やがて前方に、山から黒や白や赤い噴煙が、何筋も立ちのぼる様子が見えてきました。

——これは！　まこと凄まじいところへ来たものだ。ひょっとするとここそが、地蔵さまにお会いできる地かもしれぬ。

蔵観は辺りをもっと詳しく見たいと思い、地蔵と手を引き合いながら、峠越えのような急坂を登っていきました。すると小道の先とは思えぬ高い峠に出て、前方には山並みが幾重にも連なる大景観が広がり、煙を吐く山がいくつも見えました。

「おお、これは見事な眺めだ。地蔵よ、ひょっとしておまえは、この眺めをいつも見ておるのか？」

左手を地蔵とつないだまま、蔵観は尋ねました。子どもはにこりともせずに、そのまま景色を眺めます。

「さあ、しっかり草を刈らなければ、食べ物にありつけぬぞ。わしが刈っていくから、おまえはそれを籠に入れろ」

二時間ほどで、二人の草刈り籠が、盛り上がるほど一杯になりました。今日はこれでよかろうと蔵観は思い、仕事をやめて辺りを見回すと、山桃の木が何本か生えているのが見えました。

「しめしめ地蔵よ、山桃を取ろう。これは美味《うま》いぞ」

蔵観は手近くの一粒をまず地蔵に与え、次いで手の届く高さにある熟した山桃を、次々にもぎました。二人は草むらに座りこみ、口もとを赤く染めながら、しばらく一心に食べ続けました。

「や、地蔵よ。おまえの頬がお多福のほっぺたになった」

蔵観が面白がって、果汁を滴《したた》らせた地蔵の頬を突つき、ワハハハと笑いました。すると黙ったままの地蔵も真っ黒な瞳をキラキラさせ、いかにも楽しそうな笑顔を見せたのです。

——ひょっとしてこの子は、口がきけないのか……。だが、私の言うことはわかるようだナ。

笑った地蔵の顔が目の底に焼きつく思いがし、蔵観は子どものいじらしさに胸が熱くなりました。思えば彼はこのような心地を、今まで一度も感じたことがなかったのでした。

帰る前にもう一度、二人で持てるだけ実を取ろうと蔵観は言い、地蔵はうなずいて寄り添うように横に並びます。肩を寄せ合って風に吹かれていると、あっという間に地蔵は蔵観に凭《もた》れて眠ってしまい、蔵観も急に眠くなりました。

何か声が聞こえたか、ハッと蔵観が身を起こすと、前方の山桃の枝から地蔵の落ちる姿が見えました。慌てて立ち上がり、そちらへ駆け寄りましたが、繁みの中に今出来たばかりのような赤土の地崩れが、急斜面をなしてはるか下の樹海にまで崩れ落ち、その先に、草の根に縋り付く小さな地蔵の手が見えました。

「地蔵、手を放すな！」

蔵観は跪《ひざまず》き、両手で地蔵の小さな手を摑みました。それから両膝で踏ん張り、子どもを引き上げようとしましたが、思った以上のずしりとした重さが手に伝わり、あっと驚いた蔵観が体勢を立て直す間もなく、彼も頭から、斜面へ落ちかけます。無我夢中の右手が木の根っこのような物を摑んだ時には、彼の身体もほとんどが斜面に落ち、かろうじて右手一本が、自分と地蔵の墜落を防いでいるだけという、絶体絶命の窮地に陥《おちい》ってしまいました。

——いったいこの重さは何だ？　二人とも助からないぞ……。

蔵観はそう感じ、急に総毛立つ恐怖に襲われました。辺りに人気は全くなく、体力は尽きる直前です。

その時、片方の足が足掛かりをとらえ、続いてもう一方も支えを探り当てました。少し落着き、蔵観は地蔵に声をかけました。

「地蔵、大丈夫か。必ず助けてやるぞ」

その瞬間、急に耐え難い重さが左手に掛かって、手首から前腕が絞られるように痛み出し、次いで肘《ひじ》がちぎれそうになり、上腕《じょうわん》も痺《しび》れてきました。

——地蔵がどこかへ取りついてさえくれれば、何とか一息つけてどちらも助かるのだが……。

ちらとそんな考えが頭をかすめた時です。どこからか、かすかな声が聞こえました。

「手を放して！　この手を放して！」

それは地蔵の声だったか、それとも自分の内心の声だったか……。地の底からの声を聞いたようで蔵観は一瞬ひるみましたが、次の瞬間、彼は力の限り叫びました。

「がんばれ、地蔵！　必ず助けるからな」

だがそう叫んだ途端に蔵観は力尽き、左右の手は空を摑み、彼と地蔵の身体は、どちらも何の支えもない空間に投げ出されてしまいました。


墜落の感覚にもがく蔵観の意識が正常に戻ったのは、彼の身体が倒れこんで杉の落ち葉にまみれ、ちょうど雲の切れ目から出た夕陽の強烈な赤光《しゃっこう》が、彼の顔を真正面から照らしたその瞬間でした。辺りは杉の落ち葉が厚く積もり、その濃い香りが立ち籠めている杉林のただ中です。蔵観は慌てて地蔵の姿を探そうとしましたが、もとよりそれは一瞬の夢、目に入るのは散らばった自分の旅支度の品だけです。

突然の胸苦しさに立ち止まった杉林の中、半身を起こした蔵観は、しばらくその場を動くことができませんでした。記憶の前後がつながり、自分の今が明らかになった時、蔵観は、行き倒れて我が身が落ち葉の中に倒れ伏していく束《つか》の間《ま》に、生まれて初めての情愛を知り、その夢が覚めた悔いの中で、すべてを失っている自分自身を見出したのでした。

悲哀に打ちひしがれながら、蔵観は思い返します。出家として対面するすべての生命に、仏が結ぶ施無畏《せむい》の印相の心で対したいと念じたが、結局は幼い者ひとりの生命すら助けることができなかった。いや、助けられなかったなどということではなく、本当は見捨てたのではあるまいか。私はさっき、右手よりも左手を、先に放したのではなかったか？

恐ろしい疑問と慙愧《ざんき》に身を捩《よじ》りながら、蔵観は人気のない森のなかで大地を拳で叩き、声なき慟哭《どうこく》を続けました。やがて声をあげ全身を震わせて泣き続け、両手を土と血にまみれさせて夜を過ごし、いつの間にか寝入っていた蔵観は、夜明けの薄明の中に目を覚ましました。冷気に包まれて、辺りに動くものの気配は何一つありません。しかしようやく彼は落ち着きを取り戻し、その心は静けさを取り戻していたのでした。

――明日は足を返して大和に帰ろう。今までは修行の意味を取り違えていた。お婆に叱られて、もっとよく考えねばならないと、ようやく気づいたようなものだ。しかし地蔵よ。菩薩ははたしてお婆の姿で来られたのか、それともおまえの姿でだったのか、その双方だったのかまだ今の私にはわからないのだが、おまえにはもう一度、あの山桃をもいで食べさせてやりたい……。

ただ一度輝いた子どもの笑顔を目の奥で見つめ続け、蔵観は自分の心が、再び温もり始めるのを感じました。

おわり

絹の娘

昔むかし、山間の村でのお話です。その村は小さくて田畑が少なかったので、いつしか絹織物の賃《ちん》仕事をする家が多くなりました。蚕《かいこ》を飼う地方で生糸ができると、生糸を仕入れた絹問屋が、機織《はたお》り機も持って賃仕事を村人に頼みにやって来ます。腕のよい女のいる家はよく知られ、商人たちは争ってその家に糸を置いていきました。

さてその村に、若い夫婦がおりました。村の中でも際立って貧しい家でしたが、二人はとても仲がよく、一所懸命に働いておりました。男は田畑の仕事が一段落とすると山に入り、木こりや木出し人夫として働きます。その間、家を守る若い妻は機織りに精をだし、腕前がぐんぐん上達して、上手のひとりに数えられるようになっていま

した。

　この夫婦のいちばんの望みは、早く子宝に恵まれることでした。ある夜、久しぶりに山から戻った夫が疲れ切って眠っている顔を見ながら、若い妻は思いました。早く元気な赤ん坊を生んで、この人を喜ばせてやりたい。明日からはもう少し早めに起きて、観音さまにお願いしよう！

　村の西のはずれ、遠くの山を望む高台に、小さい観音堂がありました。そこは年中、花や香の絶える時はないほど、多くの人のお参りがありました。養蚕をする人たちはオシラ様やオシラボトケを祀り、蚕の病気やネズミの害を免れようとしますが、絹織物を織る人たちは、観音の加護を念じると機織りの腕があがり、生糸や絹布にシミや色がつくのを防げると信じていました。観音を一心に念じると、七難を免《まぬが》れ福がやって来る、村の人々はそう思っていたのです。

　翌朝まだ暗いうちに願掛け参りをした妻は、それからというもの、雨が降っても風が吹いても一日として休むことなく、観音堂へ参拝を続けました。

　願いが通じたか翌年の春、田畑の畦《あぜ》に蒲公英《たんぽぽ》や蓮華草《れんげそう》が咲き乱れる頃、夫婦は待ちに待った子宝に恵まれました。生まれた子は色が白く、母が織りだす生絹のようなすべすべとした頬を持つ、まことに可愛らしい女の子でした。父親が子に『ちの』という名をつけた夜、初めて妻は、この子は観音の恵みの子であると夫に告げました。夫の喜びは言うまでもありません。夫婦で改めて観音堂に詣《もう》で、感謝のお祈りをしたのです。貧しいながらに愛情に溢れたこの家に、仕合せな時がゆっくりと過ぎていきました。

瞬《また》く間に数年が経ち、子どもはよちよち歩きから片言を話し、やがて母親のそばで遊びながら、機織りの真似事をするようになりました。

「ちのや。おまえの手はきれいかい？　それなら、そこの糸巻きを取っておくれ」

仕事を頼まれたちのは、さも大事そうに糸巻きを胸に抱き、真剣な面持ちで母親のもとまで届けます。その様子を見て、母は思いました。糸をあんなに大事にするなんて、口で教えただけでわかることではない。我が子ながら、この子はきっと、とてもすぐれた織り子になるに違いない。それならなおこそ、しっかりとしつけてやらねば……。

母親は少しずつ、機織りの手ほどきを始めました。とはいえまだ仕事のできる年齢ではありません。遊びの中で機織りの動作をさせ、母の手真似をさせるのです。

「そら、これが杼《ひ》だよ。これで緯糸《よこいと》を一越《ひとこし》送ると、次は筬《おさ》を手前へ引いて糸を締めるのさ。この二つの手さばきがもつれないようになると、いい織物が出来るのだよ」

また、母は子どもを何度も、観音堂へ連れていきました。

「観音さまはな、どこにもおられて人間の一所懸命の声をお聞きなさるの。人のためは自分のためだと念じてよう働く者を、いつも見ていなさるのよ」

母の言葉を聞くと、ちのはいつも頷《うなず》きました。すると母はちのの頭をやさしく撫でてやるのです。

時には観音堂の帰りに日が沈み、お堂の後ろに広がる遠い山が、真っ赤な夕焼けの中で燃えるようです。そんな時に母は、静かな口調でちのに言うのでした。

「あの山の向こう、夕焼けの向こうに仏さまの国があるの。誰でもいつか、そこへ帰って行くのよ」

何度か聞くうちその言葉は、ちのの身体の奥底に小さな衝撃を与えるようになりました。幼い身にまだよくわからなかったとはいえ、ちのはその時、生命あるものの悲しみを、母によって伝えられていたのかもしれません。

さて月日はめまぐるしく移って、ちのは十歳の正月を迎えました。秋には桃割れが結《ゆ》えるようになり、暮れに足駄《あしだ》を買ってもらったちのは、観音堂への初詣が待ち遠しくてなりません。大晦日の夜は、枕元に赤い鼻緒の足駄を置いて眠りについたのでした。

しかし元日の朝、母は寝床から起きてきません。ふつうなら暗いうちから雑煮を作り、新年の祝いの準備をするはずなのに、にわかに激しい高熱を出して苦しんでいたのです。

そのまま母は床につきました。父と娘は母の頭を冷し薬を煎《せん》じ、寝食を忘れて看病に尽くしました。しかしその甲斐もなく、正月七日の夕方に、母の激しい息遣いは止まり、そのまま帰らぬ人となってしまいました。

あまりのことに父娘は茫然とし、深い虚脱に沈みました。野辺の送りの後、火の消えたような数日を過ごしましたが、何とか生きていかねばなりません。父親は気を取り直して働き始めました。ちのを手伝わせながら野良仕事をし、日が沈むと飯を炊き、洗濯や繕《つくろ》い物をするのでした。しかし父はいっそう無口となり、ちのも笑わぬ子になりました。

見かねた周りの人々は、山仕事が始まったら、子どもをどうする気なのか？　しばらくしたら早いうちに後添《のちぞ》えをもらえ、と口々に勧めました。それが早ければ早いほど、ちのも新しいお母《かあ》になつくよ、と言うのです。

だが父親はその話に取り合いません。何かに憑《と》りつかれたように野良の仕事に精をだし、家事をこなしていきました。こうして一年余りを過ごしましたが、やはり行き詰まってしまいました。何としても、ちのがまだ幼な過ぎたからです。

ある日のこと、夕飯を食べながら父はちのに言いました。

「おまえに新しいお母ができたらナと思うが、嫌か？」

ちのはじっと父親の顔を見ました。しばらく考えるようでしたが、やがて頭を横にふりました。

「そうか。新しいお母がきても、いいんだな？」

はっきりと頷くちのの様子を見て、ようやく父親は決心をしたのです。ほどなく近所の人々の世話で、死んだ女房とよく似た年格好の女が、後添えに決まりました。

形ばかりの祝言をあげた日、父は娘と新しい妻に言いました。

「今日からはこの人がおまえのお母だ。よく言うことをきいて、可愛がってもらえよ。おまえも、この子を頼むよ」

新しい母は勝気な人で、機織りは、すでに誰にも負けぬほどの腕利きだと知られていたようです。小さな家にまた織り機の音が響くようになり、再び活気が戻ったようでした。

新しい母は一所懸命に努めました。機織りの合間には野良仕事や家事をこなし、生《な》さぬ仲《なか》を埋めようと、ちのと遊んでくれました。やがてちのが織り機に関心を持っているとがわかると、心底《しんそこ》喜んで、この子をきっと立派な織り子に育ててみせると、夫に話すのでした。

こうして半年ほどが過ぎました。父親が家の様子に一安心した頃、母親のほうが、実は心の中に苦しみの種を育て始めておりました。ちのがどうしても、自分に真に懐《なつ》こうとしないと感じていたのです。細かく気遣いをしてきたつもりだが、二人きりの時、どうして他人行儀を感じさせるものが残るのか。おとなしく何でも言うことを聞いてはくれるが、本当に打ち解《と》けてくれるのはいつだろう。義理の仲は、こんなにも通じぬものか、いやひょっとしてこの子は、端《はな》から私が嫌なのか……。

子どもとはいえ十二歳ともなれば、親と変わらぬ信頼をかちとるまでには、年齢相応、かなりの時間が必要です。それがわからぬはずはないのですが、新しい母は、自分がまだ子どもを身ごもる徴《しるし》もないことに失望し、心が穏やかではないのでした。

勝気なあまりに焦る母と子の関係は、次第に食い違い始めました。母は苛立《いらだ》ち子は怯《おび》え、それにつれ、大人の側が心のゆとりを失いがちになりました。

ある夜のことです。食べ物を碗からこぼし、ちのは叱られました。父親の前ではできるだけ感情を抑えていただけに、我に返った母はハッとしましたが、父親は黙ったままでした。そのことがあってから母は遠慮せず、ちのにも厳しさを示すようになり、用事を言いつけるようになりました。洗濯、薪取り、炊事などを手伝わせ、機織りの手ほどきも、今までのゆるやかなものではなく、仕事として厳しく教え、時に手荒くなりました。

厳しさの度が過ぎると、夫がたしなめることもありました。しかし母親とまだ小さい子どもとの間に、男がたえず目を配ることはできません。かえって新しい母は、娘に対する苛立ちを募《つの》らせるようになったのでした。

ある日、機織りの手運びが悪いと、母は物差しでちのの手の甲を打ちました。はずみで皮膚が少し破れ、血が滲みました。血が出たのは初めてで、ちのは思わず訴える目で母親を見上げましたが、母にはその目が怨みがましく映りました。感情が昂《たかぶ》った母は、物差しでもう一度続けて娘を打ちました。そして声を大きくして言いました。

「なんだ、その目は！　親の恩もわからないでは、犬畜生より劣るんだよ。こんなに糸をたくさん無駄にして、機織りの心もわからぬ子は、家に置いとくわけにはいかないよ。さあ、とっとと出ておいき。すぐに出ていけ！」

堰を切って溢れた感情を止められず、子どもに糸巻きをぶつけて、戸口から追い立てます。母はそれでもまだ、青ざめた顔を引きつらせておりました。

追い立てられたちのは、自分の目の前で戸口が閉められるのを見て、そこで初めて声をあげて泣きました。しばらく立ちつくしましたが、戸は開きません。その時ちのは、戸口に転がっている壊れた糸巻きを一つ見つけました。それは今のお母が、ちのにおもちゃとしてくれたものでした。ちのはうずくまって糸巻きを拾い、泣きじゃくりながら家を離れていきました。

それは春の始まる頃でした。岸辺や田畑の畦道《あぜみち》には、早くも芽をふくものの気配があり、しばらくは子どもの目を惹きました。しかし風が吹き始めると、足はいつの間にか家の方へと向かいます。空腹も辛抱し難くなっていました。しかし我が家が見えると恐れと苦しみもよみがえり、足が竦《すく》むようで先へ進むことができません。ちのはそのまま人目を避け、物陰にうずくまって戸口を見ました。そこが開いて、お母がこちらを見てくれたら……。

もしそうだったら走っていこう、ちのはそう決めました。そうしなければ中へは入れません。すべてを謝って許しを乞わなければなりません。

しかしその時はまだ、母が出てくる気配はありませんでした。じつは、すでにその怒りは静まっていたのですが、どう許してやるかの思案が先になり、子の心を思うとに少し立ち遅れたのです。厳しい冬が過ぎ、外の明るさと暖かさへの安心もあったのでしょう。しかしその間に陽は西へ少し傾き始めていたのでした。

ちのは立ちあがって再び歩き始め、西の山を見ました。もうじきお日さまは、夕焼けの色に変わるのか。そうだ、それまでに、観音堂へ行ってみよう！

坂を上り観音堂に詣で、その後ひとりで初めての峠下りを、ちのはためらうことなく西にむかって進みました。自分でも驚くほど足どりは軽く、この道は日暮れになっても少しも怖くありません。観音堂へ戻りさえすればよい。あとは目を瞑《つむ》ってでも家まで帰れる。ちのには一人で歩くのは初めてでも、通いなれた道のようでした。

しかし、日が傾くと共に時の足どりが早まったかのよう、気づいたちのが道を引き返そうとして間もなく、日は沈み始めました。あっという間に森は暗さを増し、判断が揺れ動いて道を失ったちのは、撥ねる枝に手足や顔を打たれます。それでも観音堂へ戻ろうと努めましたが、次第に手足だけでなく足も痛み、ちのはとうとう重なる落ち葉の上に座りこんでしまいました。その時、風にゆれる木々の間に灯火がひとつ、瞬くのが見えました。

間違いなく人家の明かりです。ちのはそちらへ無我夢中で進みました。手足や顔に擦《す》り傷が増え着物は破けましたが、もうそんなことに構ってはおれません。灯火がその場所を変えるのを恐れ、ちのは一筋に暗がりの中を突き進みました。

それは小屋といったほうがいいような、いかにも粗末で小さな家でした。しかしそこから漏れてくる光は暖かく、ちのの心をとらえて離しません。戸口に立ったちのは、おずおずと声をかけました。

「こんばんは、こんばんは」

戸はすぐに開かれ、女のひとが顔をみせました。そのひとはちのの様子を見て言いました。

「まあ、血だらけになってかわいそうに！　すぐ中へお入り」

女のひとはちのの傷を洗って油ぐすりを塗り、それから野草を入れた粥を作って食べさせてくれました。ちのの手が握りしめていた糸巻きに目をとめ、わけを尋ねました。

「そう、そんな辛いことがあったんだね。こんな山の中だけど、よかったらしばらくいてもいいよ……。そうだ、その間に私が、機織りを教えてあげようか。きっと、母さんに叱られなくてすむようになるからね」

ちのには、そのひとが自分の親と同じ年頃に見えました。何をするひとなのか、子どもには見当がつきませんが、どうやらひとりで住んでいるようです。その夜は板敷きの部屋にわらの布団を並べて敷き、ちのを寝かせてくれました。

さてその家は、まことに不思議なところでした。小さな板敷きの一間と、煮炊きをする土間があるだけの狭い家なのに、機織り機もあれば、畑を耕したり粉を碾《ひ》いたりする道具もそろっているのです。次の日の朝から、ちのは忙しくいろんな仕事を教えられ、働き始めたのでした。

しかし何とも不思議なことは、ちのの心がこの家で、のびやかに安らいだことでした。彼女はまるでここで生まれた子どものように、何の屈託《くったく》もなく毎日を過ごし始めたのでした。いいつけられる仕事は、家でしていたことよりも、はるかに多かったかもしれません。しかし、ちのは機織りにも農作業にも飽きることはなく、遊びに熱中するのと同じように仕事を学びました。それはまるで仕事を与える側がちのの心を読み取り、子どもがやりたいこと、興味を感じたことを先回りしていくように見えました。次の日の来るのが早く、瞬く間に春が過ぎ夏が過ぎ、秋が深まると仕事は機織りだけに絞られ、そこからは教えが厳しくなっていきました。

さて、この地方の人たちが織るのは主として綸子《りんず》です。蚕農家から来た生糸を生絹《きぎぬ》の綸子に織り上げ、問屋に渡すのです。それが京へ運ばれ、練られて式服用の輝くような白綸子となり、さらには染められて艶やかな呉服布地となるのでした。

「生糸を預かったからには、京の織り子さんに負けてはいられない。練られて腰が立たなかったり白が冴《さ》えなかったら、問屋さんが倒れてしまう。機織りは命がけの仕事だよ」

どこから出したのか機織り機が二台並べられ、二人はその前に座りました。杼《ひ》や筬《おさ》が動き始め、部屋には緊張がみなぎります。ちのに要領を教え、手習い糸を渡すと、女のひとは次第に無口になって自分の織り機に向かい、時々、ちのの織り出す手習いの布を丁寧に確かめるのでした。

雑木林の中の小屋は雪をかぶり、霙《みぞれ》に打たれて冬を越し、霖雨《りんう》と共に春が巡りました。ある朝、女の人は言いました。

「それじゃ手習いはここまでにして、糸をこれだけあなたに預けましょう。しっかりした綸子一疋《いっぴき》が出来るはず。問屋さんに預かった糸だから、やり直しはきかないよ」

これが最後の課題でした。経糸《たていと》を掛け緯糸《よこいと》を杼に納めると、ちのは緊張のあまり、おずおずと織り機を動かし始めました。一寸また一寸と、白い布が自分の足もとに育っていきます。やがてちのは、自分の心がまるで糸のように一筋となり、生糸と絡んで白い織物に溶け込むように感じました。気分が明るくなり、手さばきは軽やかとなりました。太陽は何度か沈んでは昇り、やがて一反《いったん》分が織りあがり、さらに数日の後、無事に二反一疋の綸子が織り上がりました。

「見事だね。これだけに織ってあれば、白無垢の式服に使えるよ。問屋さんもきっと喜ぶだろうねえ」

その夜二人は粟飯《あわめし》を炊き、干し柿を入れた膾《なます》を添えて織物の完成を祝いました。食事のあと、女の人は言いました。

「この腕なら、村で一人前で通るだろう。嫁に行く歳も近づいたし、親の気持ちを考えて一日も早く帰らないと……」

その途端、ちのは自分の顔から血の気が失せるのを感じました。あの恐ろしい目の、お母のもとへ戻るのか……。

「お願いです。どうか私をずっと、ここにおいていただけませんか……？」

思い切って、ちのはそう頼みました。ここにしか、自分の生きていく場所はない……。けれど、女のひとは言いました。

「その気持ちがわからぬではないけど、人は自分と周りとのつながりを、勝手に変えることはできないの。なぜってそのつながりのおかげで、この世に生まれることができたのだから」

「でも私のお母は、生みの親じゃありません……」

その言葉がちのの口から出た時、女のひとの目が強く光り、ちのはハッとしました。最後に見た時のお母の目と同じくらい、鋭い目に見えたからでした。

「母親は、自分に関係のない人だというの？　それなら本当にそうなのか、確かめなくてはならないね」

その夜はそのまま眠りました。あくる朝、ちのが目を覚ますと家の中はすっかり片づき、機織り機もほかの道具類も、どこにも見えませんでした。女のひとは言いました。

「仕事やお金だけでは、人間は生きてはいけない。大勢の人のおかげを受けなきゃ、一日だって暮らせないのさ。だから人間は、受けたおかげがわかるようにならなきゃいけないのだよ。さあ、それでは今まで、自分が誰からどれだけのおかげを受けたのか、それが見えるようにしてあげよう……」

女のひとの態度はどこか厳しく、今までとは違うようでした。この家は昨夜から何か変わったのだろうか……。ちのは女の人に言われる通り、部屋の隅で板壁に向かって座りました。

「私が尋ねることを、心に思い浮かべるのよ。初めのうち、目を瞑っていたほうがいいかもしれないね」

女のひとはお父から順に、ちのに関わりの深かった人のことを尋ねました。ちのが家を出た頃から始めて次第にむかしに遡《さかのぼ》り、ちのの心に刻まれている人々の記憶を、ひとりずつ時間をかけゆっくりとほぐします。一つのことを思い出すと、それを手掛りとして次の記憶を探ります。その間《あいだ》女のひとは、ちのに常に、次の二つのことを考えさせました。

その人は、おまえに何をしてくれたのか？

その人に、おまえはどれだけ報いたのか？

慣れないちのはすぐに疲れ、時には尋ねられるのが煩《わずら》わしくなりました。そんな時、女のひとは叱ったりせず、ちのを休ませてくれました。そのうちに、ちのにはこの作業が少しずつ面白くなってきました。忘れてしまったと思い込んでいたことが、ひとつがほぐれ始めると、思いがけぬほど多くのことがつながって、次々に思い出せるとわかったからです。そうなると時の経つのが早くなり、あっと言う間に何日かが過ぎ、時には女のひとは部屋を離れ、ちの一人に任せておくこともありました。

ちのの思いは、次第に生活の厳しさに及びました。するとお父《とう》や死んだお母《かあ》の本当の姿が、次第に心の表面に浮かび上がってくるのです。

激しい労働や生活の不安に苦しむ親の様子、わかるはずもない幼い自分の心に、それらがすでに深く刻み込まれていたのに気づき、ちのを驚かせるのでした。

――お父ゥお母ァ……それなのに何もせず、私は甘えることしかしなかった。

過ぎ去った日々に心が痛み、ちのは幼子にもどったようにからだを縮め、手を合わせて祈りました。そうしてさらに数日が過ぎ、祈り続けるちのの側にきた女のひとが言いました。

「もうすぐだよ。最後のところさえ越せば……」

次に始まったことは、今までの記憶を絞り出すような努力とは違い、まるで覗《のぞ》きからくりを見るような心地でした。

ちのの目に家具ひとつない寂《さび》れた農家の部屋が見え、その真ん中には、白髪交じりの女がただ一人うずくまっています。正気を失って心の伴わぬ動作を繰り返しているようですが、よく見ると、機織りの手真似をしているのでした。あれは誰だろう。あ、ひょっとして、私の家か？

だがすぐにその姿は薄れ、小さな女の子の姿に変わりました。機織り機の前に座り、機織りの稽古をしているようです。私だ、小さい時の私の姿だ！

ちのの目が輝きました。導かれて自分の心を振り返り始めてから、自分自身の姿が見えたのは初めてでした。しかしその姿が薄れて年老いた女に変わり、また幼い自分と入れ替わるのを見つめるうち、ちのの心は不安に覆われました。今見せられているのは、小さい時の自分と年老いてからの自分の姿に違いない、と思えたからです。

「よく見てごらん。小さいおまえと、あの年とったように見える人にはどこか似通ったところがある。だけど、どちらもおまえかね？」

女のひとの声が聞こえました。ちのは今やわき目もふらず、すべてを集中して部屋の中の人物を見守っています。

その時白髪の女が一瞬顔をあげ、ちのの方を見ました。

「あっ、あれは今のお母ぁ！」

「そう……。おまえがいなくなってまだ二年あまり過ぎただけだが、お母はおまえを死なせたのは自分だと思いこみ、言葉を失ってあんなふうになった。お父も今では山小屋に籠もりきりで、家へはほとんど帰らない」

ちのの目がみるみるうちに潤《うる》みます。かわいそうなお父ぅ、私たちが仲違《なかたが》いをしてしまったばかりに……。

「さあ心をしずめて、よく見てごらん。血のつながらないお母とおまえをつないでいるのは織り機の筬の手さばきだよ。ほら、二人の同じ手さばきが見えるだろう。筬の両端に指をあて反物の幅いっぱいに力を籠めて糸を締めるから、他の織り子の手さばきと少し違って見える。だがそれで、緯糸一本もおろそかにしない良い綸子が出来るんだね。おまえはその技と心を、あのお母からもらったんだよ」

思いがけぬ言葉に目を見開き、ハッと思い当たった途端、ちのの目に再び大粒の涙が溢れました。それからは目が曇ってしまい、もう何も見えません。頷《うなず》き続け、ただ泣いておりました。

その日からしばらくして、ちのは村に帰りました。すっかり美しい娘になったちのを見て、人々は驚き父親は涙を流しました。しかし母親の正気は戻らず、ちのが帰ったことさえわからないようでした。それからというもの、ちのはお父と共に、物言わぬお母を誰よりも大切にし、世話をして暮らしました。

新しい暮らしが落ち着くと、親子三人はちのの記憶を頼りに世話になった女の人を訪ねました。だが二年もいた場所がどうしても見つからず、親子は村へと戻ってくるしかありませんでした。

村に入る手前で、疲れた親たちの足取りが重くなり、三人は観音堂に入って休みました。するとそこまで黙って歩くだけだったお母が、観音さまの須弥壇《しゅみだん》の前に進み出て手を合わせました。やがて観音の足元から何か古びたものを取り上げ、覚束《おぼつか》なげな声をあげます。

「ちの、ちの……。これ、おまえの糸巻きだね」

連子窓《れんじまど》の光に、朽ちてしまった糸巻きをかざしてお母が微笑み、ちのに語りかけているのです。ちのは堂内の敷台に下ろしていた腰をあげました。しかし、お母の手にあるものを見て、ちのはそのまま動くことができなくなりました。それは自分が持ち続けていたはずのもの、今のお母ぁがくれ、おもちゃにしていた糸巻きです。

――あ、やはり観音さまのおかげだったのだ！

すべての疑問は春の氷のように溶けていき、二年ぶりのお母ぁの声を、ちのは夢の中でのように聞いていているのでした。

おわり

ウダヤナ王の発心

――生身釈迦如来像渡来縁起序段――

京都嵯峨野《さがの》に清涼寺《せいりょうじ》という寺があり、釈迦堂《しゃかどう》と呼ばれています。なぜかというと、釈尊三十七歳の姿を写したという釈迦如来像が中国から日本に渡来し、ここに祀られているからです。仏の存命中の姿を写したという伝承があって生身像《しょうしんぞう》と呼びますが、なぜこのような像が造られ、しかもなぜ遠く日本の釈迦堂にまでやって来たのかと、その経緯《いきさつ》について古くから、さまざまな説話が語られました。

伝承による人物説話は、すべてが歴史の事実とは言えません。事実をその背景とし

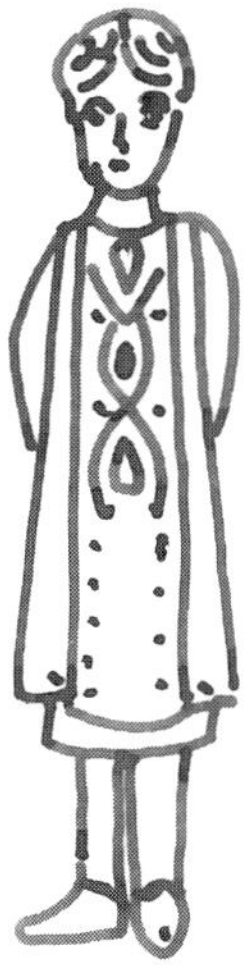

ながら奇想天外《きそうてんがい》をも含み、変化に富み生彩を放つものとされている場合が多いからです。しかしそこに語られる人物にならそんなこともあり得るだろうと思う多くの心で熟成され、その人物が生み出し、あるいは生み出そうとした人間精神の真実を伝えようとするからだと思われます。日本に伝えられた釈迦仏の説話には、そのような憧れと仏道の基本的な理念や基礎知識が混在し、かつての日本の庶民が高度な教養を身近にしていたことを物語るようです。

日本が明治以後積極的に参加していった現代の世界は、昏迷を深める一方のようですが、その中で仏教本来の静謐《せいひつ》は、未来を明るくする思考として一頭地を抜いて聳《そび》えるようです。それに気づいてかつてこの国に遍満した仏教文化を再び学ぼうとする人が今も多く、読書離れの風潮ながら、今なお少なくない仏教書が出版されています。その機運につながり、生身釈迦如来像の由来と伝来について、当時のインドやシルクロード、中国や日本で活動した人たちのことについて紹介し、仏道というすべての人間の未来を明るいものとしようとして始まった努力について、いささかお伝えすることといたしましょう。

一、ウダヤナ王と后妃たち

釈尊《しゃくそん》とはインドの釈迦族が生んだ尊い御方という意味で、お釈迦さまを尊《たっと》ぶ呼び方ですが、その釈尊がこの世で活動しておられた頃のことです。ガンジス河の上流にコーシャンビーという国があり、ウダヤナという王が治めておりました。このウダヤナ王は、釈尊の教えをひどく嫌っていました。なぜなら仏の教えは、帝王たちの権威を尊重するようなものではなかったからです。

釈尊出生の数百年前、インド西北部からヒンズークシ山脈を越えて、身体が大きく皮膚の色の薄い民族がインドへ侵入し、インド平原の原住民を征服しました。征服者であるアーリア人は、その伝統や伝説によってヴェーダという書物を作り、それを経典とするバラモン教という宗教を成立させ、原住民を抑圧する仕組みを作りました。ウダヤナ王はその仕組みの中で王位についた、代表的な征服者の一人です。

このヴェーダによると、アーリアの神々が初めて人を作る時、人間によく似た形の原人というものを材料として使ったそうです。その原人の頭からバラモンと呼ばれる司祭を、両腕からはクシャトリアと呼ぶ王侯・貴族を、両腿《もも》からバイシャという平民、足からスードラつまり奴隷を作りました。この人間の種類区分をバルナ(種姓《しゅせい》)と言い、現在はカーストとも言いますが、この制度が征服の思想を示しています。つまり、上から下へ値打ちが下るという序列の考えを軸とするのです。神の創造による序列や優劣の考え方は、反論を許さず侵略を正当化する手段として人間社会にはびこり、人間の生み出した思想のうち、現代に至るまで人間の頭に巣くう最も厄介な黴《かび》の一種となり、インドに限らず世界に災厄を生み出しました。

さてインド全域にアーリア支配の抑圧が押し進められるうち、インド文明の新興地域であったガンジス河流域の北部、現在ではネパール国の区域にいたシャカ族に、ゴータマ・シッダールタと名づけられる幼児が、貴族の一員として生まれました。シッダールタがアーリア系だったかモンゴル系だったかなどは不明ですが、老病死に苦しむ人生の推移に強い感受性を示したことが、この幼児が長じて四つの城門を出た時の様子を伝える、「四門出遊《しもんしゅつゆう》」の伝説として伝えられています。

人生の基調が苦であると感じたシッダールタは、苦を克服する途を求めて二十九歳で出家し、さまざまに工夫して修行に取り組みました。そして三十五歳になった時、深い瞑想によってこの世の真実の相を完全に理解し覚《さと》り、覚者《かくしゃ》、仏陀《ぶっだ》となったとの自覚を得たのです。

覚りの内容は「縁起《えんぎ》」だと仏典は伝えます。つまりこの世に生起する万物は、すべてある事を原因または条件とし、時間の経過によりある結果を生じるという、ごく単純な唯一の原理で生滅《しょうめつ》しているということです。その事実を頭の中の理屈として知るのではなく、自分の生き方と完全に重なるまでに深く体得した状態を覚りと言い、それを求める生き方を仏道、仏となる道として提唱し、釈尊はバラモン教による差別社会を脱却することを目指しました。縁起を見る者は真理を見る、仏を見ると言います。

仏道に帰する者は、同じ原理に基づいて生まれる個々の人間が、尊卑貴賤《そんぴきせん》の差別を受けることを拒絶し、万物が密接な相互関係で生ずることをもとに、すべての生命を尊重する不殺生や、共に生きるための慎《つつし》みや思いやり、少欲知足《しょうよくちそく》などの生活態度を守ることを重んじました。また縁起とは絶え間ない変化という意味でもあり、永遠とか不変あるいは不老不死などの夢想を斥《しりぞ》け、時と共に衰える諸行無常《しょぎょうむじょう》を明《あき》らめて我が身に受け入れ、強く生きる心などを強調したのです。

仏道に従う者は、国家や宗教、思想の偏りを力によって是正しようとはせず、個人の自己変革を主とし、それによって仏国土を実現し個々の苦悩を超えることを目指します。社会を動かす派閥となれば、闘争と苦悩を生み出し易く、それは仏の覚りに反

するからです。しかし支配権力を維持しようとするバラモンやクシャトリアにとっては、

『人はその行いによりある者は貴《とうと》いとされ、ある者は賤《いや》しいとされる』

という、仏が掲げる単純な真理は恐ろしいものでした。種姓は無意味で、世襲では人間の価値が保証されず、バラモン教は否定されています。

インドの上流階級は、自分たちの立場を脅かすこの教えを激しく憎みました。王宮の人々や王城の内部に住む人々は、仏道の修行者を敵としていました。ウダヤナ王ももちろん、その先頭に立つ一人でした。

その頃ウダヤナ王の王宮には、サーマワティ正妃《せいひ》のほかに何人かの王妃がいました。世襲を尊び、当然とする社会では避けがたいことです。その多数の妃の一人、マーガンディ妃は国内随一の美女という評判で、王の寵愛を一身に集め、飛ぶ鳥を落とすほどの勢威を誇っていました。しかしこの誇り高い妃はそれだけでは満足できません。彼女にはサーマワティ正妃がいることが、どうしても目障《めざわ》りでなりません。マーガンディ妃は遂に、何とかして正妃を排除しようと考え始めました。

マーガンディ妃は策をめぐらし、正妃が王に悪意を抱いていると、それとなくウダ

ヤナ王に吹き込み始めました。正妃の生んだシャラナ王子の成人の時が近づいているので、我が子を早く王位につかせ、権力を奪う企みが、正妃を中心としてひそかに進められているというのです。

ウダヤナ王は本来賢明な人物だったようですが、平和が続いて心がゆるみ、その頃はあまり政治にも熱心に取り組まず、何の不安もないかのような放蕩三昧《ほうとうざんまい》の生活に浸っておりました。そういう状態の人間は快《こころよ》い言葉にしか関心を向けなくなるものです。周到に練られた策略の毒言が耳に甘く囁《ささや》かれました。

『正妃がお心を乱されましたのも、すべては未熟な私が、王のお側にお仕えしたせいでございます』

美しい妃の自らを責めてみせる空涙《そらなみだ》と言葉に乗せられて、王は遂に正妃に疑いの目を向け始め、王子を正妃から引き離しました。さてこそ絶好の機会の到来です。事を仕上げようと思ったマーガンディ妃は、刺客《しかく》を正妃のもとに送り込みました。正妃の周辺に争いを起こさせ、それに紛れて腕の良い刺客が動けば、熟《う》れた木の実を落とすが如く、何の苦労もないはずの暗殺計画です。ところが、何度か試みても正妃の周囲の団結は固く、失敗を重ねるばかり。焦った刺客が直接に王妃を狙っても、それすら何度か阻まれてしまったのです。

正妃への不信から状況を放置していたウダヤナ王が、さすがに不審を感じ始めました。事情を調べると、再三にわたって正妃が危険にさらされ、その都度《つど》周囲の侍臣や侍女たちが、まるで身代わりのように犠牲となったことがわかりました。飛んできた矢を我が身に受けようとした小姓、正妃の食事の毒味で倒れた侍女など、まさに正妃の楯となって、かなりの人数が死傷しているのです。詳しく調べさせ、その報告が王のもとへ届きました。

孤独なサーマワティ正妃は、王宮へバラモンを招いて神々への祭りを行っていましたが、ある日ふとしたことから、釈尊の弟子ピンドラ（賓頭盧《びんずる》）の教えを聞く機会がありました。賓頭盧尊者《そんじゃ》といえば今の日本では病気の平癒を祈り、自分の患《わずら》う部分を賓頭盧の身体の上で撫でる撫仏《なでほとけ》です。しかしピンドラは実はウダヤナ王の大臣の子で、れっきとしたバラモン階級の一人でした。事情あって大臣の家を出、釈尊のもとで覚りを得て阿羅漢《あらかん》となりました。説法を得意として獅子吼《しく》第一と呼ばれるようになり、故郷のコーシャンビーに釈尊の教えを伝えようと帰郷していたのです。ピンドラは縁起の教えを繰り返して説き、この世を自分を中心にして見る愚かしさを、宮廷内の人々に気づかせようと努めました。その説法にサーマワティ正妃は、感じること頷《うなず》くことが多く、彼女は遂に仏の道に帰依《きえ》しました。それからの正妃はひときわ周囲の者を慈《いつく》しみ、全く私心のない生き方に努めたのです。その態度に心うたれた廷臣や侍女たちが、正妃の制止にもかかわらず、我が身命に代えてもこの正妃を護ろうと、進んで力を尽くしているらしいというのでした。

——正妃ともあろう者が仏道だと！　何と愚かな。

王の始めの思いは、そんな程度でした。しかし正妃とその周囲の者たちのつながりの深さが明らかになるにつれ、ウダヤナ王は玉座《ぎょくざ》に身を沈め、思いに深く沈みました。もとは互いに心が通い、大切に思っていた正妃が、どうやら容赦のない攻撃を受けながらも、自分に助けを求めることもせず弁明すらせず、しかもおだやかに、孤高の生き方を保っている……。引き比べての我が身の陋劣無惨《ろうれつむざん》に、王はようやく思いが至ったのです。

——孤絶にまつり上げられ、愚かだったのはこの私か。

王位に就いてから初めて、ウダヤナ王は自分自身を厳しく省みました。王の周囲にいる廷臣はほとんどマーガンティ妃の息がかりの者ばかり、正妃に近い者は王位を継ぐ立場にいるシャラナ王子をはじめ、いつしかウダヤナ王と言葉を交わす機会までもが減っているのです。王を巡る女性の序列が乱れると、跡継ぎ問題の混乱が避けられなくなるのは世の常ですが、本来聡明で誠実な性格でもあった王は、自分の犯した過ちが大きな代償を求めて動き出していることを、ようやく感じとりました。しかしその時コーシャンビーの宮廷は、すでに王の手にする権力を以てしても、簡単に正しきれぬもつれを生み出していたのです。

数多い王子たちの中で、最もウダヤナ王が期待しているのは他ならぬサーマワティ正妃の生んだ嫡男のシャラナ王子でした。彼が王位を継げば異論が起こる余地はありません。しかしそのシャラナ王子は、今や最も不安定な立場に立たされていました。

ウダヤナ王が自分の手足のように動かせる臣下は、同時にマーガンディ妃の息がかかった者、妃と利害を共にする者しかおりません。事態を打開し、正妃とマーガンディ妃の和解を図るとしても、それはもはや、王の手にすら余る難事です。宮廷の人々の間の亀裂は深く、ウダヤナ王は懊悩《おうのう》の日々を送ることになりました。

王の変化は、直ちにマーガンディ妃に影響を及ぼしました。明敏な妃は素早く変化を感じ取り、王の気分を引き立てようと、寸時を惜しんで王にかしずきました。しかしウダヤナ王にとってその努力は、以前のように、真心によるひたむきな献身とは受けとれません。何かの打算が働いた上でのように思えたり、疎《うと》ましく感じられるときさえあるのです。

そのままひと月ふた月と過ぎ、マーガンディ妃は焦りました。王の心が自分から離れていくのが感じられ、今までの勢威を失う予感が彼女を悩ませました。そして心を安らかに保てぬ報いは直ちに外に表れ、さしもの王妃の美貌を翳《かげ》らせ、魅力を失わせ始めたのです。その美貌は人の心を惹きつけ、魅力に溢れていたはずなのに、今や気難しく怒りっぽくなり、王妃の前に立つ者は怯えて目を宙に迷わす有様です。眠れず、闇に目を凝《こ》らして過ごすマーガンディ妃の容色は、次第に凄味《すごみ》を増しました。

ある日シャラナ王子は、ただ一人、内宮の回廊を歩いていて、マーガンディ妃とすれ違いました。少年はいつものように、深く上体を折って王妃に敬意を表しました。母のサーマワティに、王妃たちには父母と同じ気持ちで対するようにと、常々躾《しつ》けられてきたからです。若者からの紛《まぎ》れもない深い敬愛の情に、王妃もまたまことに優美な会釈《えしゃく》を返しました。一瞬の後、二人は互いに背を向け遠ざかります。しかしまだ若い王子は震え上がっておりました。いつも優しくて、それゆえ親しみを抱いていた相手からの一瞥《いちべつ》が、疑いようもないほどに強く深い瞋《いか》りと憎しみを、真正面から自分に向けて放ったからです。少年は脅え、時と共にその恐怖は胸の中で膨らみます。しかし王子はそのことを打ち明ける相手を、誰一人まわりに見つけることができませんでした。

その頃コーシャンビーの王宮には、少しずつ変化が表れていました。今までは宮殿の門をくぐることを許されなかった仏道の説法者が、王宮の中にやって来るようになったのです。釈尊のもとに戻ろうとしているピンドラにその父である大臣が会おうとしており、それを知ったウダヤナ王は、彼を王宮に招くようにと、父の大臣に命じました。ある日ピンドラは、自分と交代するためコーシャンビーにやって来たカッチャーナ（迦旃延《かせんねん》）を伴い、王城を訪れました。ピンドラもカッチャーナも、阿弥陀経などの多くの経の会座《えざ》に連なった仏の弟子で、経典にその名が残る修行者です。

ウダヤナ王は、二人の修行者を王座に招き寄せました。王妃や王子王女など、主な王族たちもその場に列席しています。王は二人の修行者に問いました。

「この国は聖なるヴェーダの教えに基づいて治められ、よく耕されよく実る。汝《なんじ》らの教えは何の役に立つのか？」

「王よ。歴代の王が王者たる声望を保ち続けられたことが、陛下を王位につけた因と縁でございます。だが転輪王《チャクラバルティン》のように徳を以て治め、人の安らぎの上に国を築かれぬ限りは、繁栄の陰で、滅びの因と縁も口を開くのです。仏の教えにより、転輪王《てんりんおう》への道を目指されるべきと存じます」

転輪王とは仏陀と共に、その頃のインド世界で待望されていた聖王のことです。出家し修行して真理を悟る聖者は仏陀と期待され、在家生活を続け真理に従って世の平和を実現する王者は転輪王として期待されていたのでした。若い頃の釈尊が、転輪王として期待されたという説話もあるのです。

「では、転輪王への道とはどのような道なのか？」

「王が民を見ること我が子に対するが如く、そして民も鶉《うずら》がその領分を守るようにその家を治めれば、天地自然の巡りが人の営みと調和し、万事は鎮まります。仏はそのような国を、次のように説かれております」

真理に目覚めし者の遊履《ゆりやく》する國邑聚落《くにむらしゅうらく》は
天下穏やかに鎮《しず》まり日月はさわやかなり
風雨は時に応じて充ち災害や疫病起きず

国土豊かに人和《なご》み争闘なく兵戈《へいか》は無用に
徳と友情は盛んにして人はみな礼儀正し

悩み深いウダヤナ王には、ちょうど、この言葉を受け入れる機縁が熟していました。ウダヤナ王は語られた王者の徳に心から頷き、深い礼を以て二人の修行者を遇しました。

その夜ウダヤナ王のもとに、シャラナ王子が訪れました。

「父上。王城の中で私には、王に尽くす余地が見出せません。出家して、カッチャーナ尊者のもとに参りたいと思います」

「何を言うのか。間もなくおまえの立太子礼《りったいしれい》を執《と》り行い、正式に皇太子にしたいと思っているのがわからないのか？」

「有り難いお言葉ですが、もし王がそうなされば、この王宮に終わることのない争いが始まるかもしれません」

ウダヤナ王は返事に窮し、まだ年若く未熟だと思いこんでいた我が子の顔を、まじまじと見つめました。

——確かに私はこの子の母親を助けてやらず、むしろ見捨てているように見えるだろう。生命を狙われる母親の姿が、自分の未来と重なって見えているのに違いない。しかも今の私に、この王子を護りきることが本当にできるだろうか……。

王子の申し出を抑えきれなかったウダヤナ王は、王宮からの出家を認めました。その時コーシャンビー王宮は、壮麗な宮殿と着飾る人々で咲き誇る花の如く華麗に見えながら、その実はまるで沈みゆく巨船に乗り合わせた乗客のよう、人々は恐れと憂いに満ちておりました。

シャラナ王子の出家の申し出は、仏道の教団にも波紋を及ぼしました。国内には仏道を敵視する者が多数あり、しかも王宮内の勢力争いは、知らぬ者がないほどの激しいものでした。その渦中の一人で、しかも王位の第一継承権を持つ王子を受け入れるのは、弱小組織でしかない仏道教団にとって、大きな危険が伴います。しかもその王子自身が何かに脅えているような風情なのです。けれどもコーシャンビー教団の修行を指導するカッチャーナは、淡々とシャラナ王子を迎え入れました。王子が尊者に言いました。

「尊者よ、最初の修行は、私の出家を認め受け入れて下さった尊者のもとで行うきまりを承知しておりますが、どうか仏のもとへ行かせて下さい。そのほうが落ち着いて修行に励めると思います」

「なるほど、ここにはあなたの王位継承権を警戒し、憎む者がいるからですね。だが仏の膝元にも危険はありますよ。そこへも危険が及ぶと、次にはどこへ行くのですか？」

「……」

「この世に危険のないところはないと、わかるようになるだけでしょう。それよりもシャラナよ。出家するというのは、自分の身を護らないということだと知るべきです」

「自分の身を、いっさい護らないというのですか？」

「そうです。生命の危険からも、侮辱《ぶじょく》を受けることからも身を護りません。仏道を学んでいけば、その必要のないことがわかります」

そこでカッチャーナは、仏とその弟子プールナ（富楼那《ふるな》）の対話について、シャラナ王子に語りました。それはこんな内容でした。

「プールナはコーシャンビーよりまだ西の、アラビア海沿岸の出身です。仏のもとで修行して覚りを開き、出身地のムンバイー（ボンベイ）へ布教に赴きたいと、仏に許しを乞いました。そこは、仏もまだ一度も行かれたことのない辺境なので、支援者は一人もいません。危険が予測され、仏はプールナに、迫害を受けたらどうするかと問われました。

『悪口を言われても、殴《なぐ》らないこの人たちは優しいと思い、手で殴られたら棒で打たぬから優しいと考えます。棒で打たれても、殺さぬからこの人たちは優しいと、もし殺されるなら、苦に満ちたこの世界から安らぎの涅槃に送ってくれることをこそ感謝します』と、これがプールナの、仏に対する答えでした。

『プールナよ。そなたは出家する意味を、まことによく理解している。最大の苦行である忍辱《にんにく》を、そなたはきっとなし遂げるであろう』と、仏はプールナを励まされました。シャラナよ。出家するとは王子であることや高い身分から離れ、プールナのような状態に、進んで自分の身を置くことなのです」

カッチャーナの教えが、シャラナを驚かせたのは確かでした。しかしやがてシャラナは落ち着きを取り戻し、出家の許しを再度、力強くカッチャーナに乞いました。シャラナにとって仏とプールナの対話には、忍従を強いられ続けた自分の過去にも、何がしかの意味があったと思わせるものがあり、シャラナは若者らしく、これからカッチャーナのもとで過ごす前途に、新しい希望と生き甲斐を感じとっていたのです。

さてシャラナが修行の道を歩み始めた頃、遂にマーガンディ妃の精神が大きく崩れ始めていました。すべてを自分の思い通りにすることにとらわれ過ぎ、彼女の心は物事を冷静に判断できません。シャラナの出家は、自分と正妃との対立を表に曝《さら》し、自分の声望を傷つけたのだとシャラナを憎み、正妃がいっそう邪魔に感じられ、自ら深める憎悪の陥穽《かんせい》に陥っていきました。

ある日、ウダヤナ王の外出の折りを見計らい、マーガンディ妃は部下たちに王の命令と偽り、教団を襲いシャラナを捕らえて処刑せよと命じました。そして自らは内宮にあるサーマワティ正妃の住居に押しかけ、建物に火を放ちました。

絢爛《けんらん》たる内宮の建築は、猛火に包まれて崩れ去りました。しかし正妃は慌てることなく周囲の者たちを安全な場所へ逃れさせ、自分は従容《しょうよう》として火中に入り、最期を遂げました。こうしてコーシャンビー城の栄華は、永久に失われたのです。

帰城したウダヤナ王は事のあらましを知ると、怒りのあまり失神してしまいました。そしてその夜、気力を回復した王の行った処刑は凄まじいものとなりました。マーガンディ妃とその縁者たち、行動を共にした家来たちは男女を問わず城内の一つの建物に閉じ込められ、周囲から一斉に火が放たれて焚刑《ふんけい》に処せられました。シャラナ王子を捕らえようとして果たせなかった者たちも、許されるものではありません。火の中にのたうち回る何十人もの男女の阿鼻叫喚《あびきょうかん》の声は、天を圧し地を磨り減らして続き、その後長くその跡に、人の足を向けさせぬこととなったほどでした。

翌朝ウダヤナ王は、焼け跡にただ一人立ち尽していました。

――マーガンディの犯した罪は私にも大きな責任があるのに、それを裁く者は誰もいない。果たして私は王権にふさわしい者なのか、それとも破滅を招いているだけの、ただの愚か者に過ぎないのか。

後悔と畏《おそ》れに胸は波立ちますが、それを慰め癒してくれるべき人はすでになく、王の身の周りには、ただ無闇に恐れかしこまる者がいるばかりです。その時ウダヤナ王の胸に『滅びの因縁が口を開く』と説いた、ピンドラやカッチャーナの言葉がよみがえってきました。こうしてコーシャンビーの王は、ようやく仏道に真正面から向き合う縁を得たのでした。

二、夢の中の人生

自らの妃であったマーガンティ妃やその家臣たちを焚き殺す羽目となったコーシャ

ンビー国のウダヤナ王、罪を裁き刑を執行するのが役目とはいえ、焚き殺された人々の叫喚の声が、耳について離れません。自分自身に今回あらわれた巨大な悪の責任があることを知り、死んだ者の恨みを受けても仕方がないとわかっているからでありました。

その時、王は三十歳半ばに差しかかっていましたが、当時のインド人がいくら短命だったとしても老境にはほど遠い年頃ですが、それまでの自身の愚かさが、ようやく身にしみてくるのでした。しかし頼りの息子シャラナ王子は修行者となり、身近にいるのはご機嫌とりや、何でも頷く頼り甲斐のない者ばかり、気が滅入ること夥《おびただ》しい毎日です。

一方のシャラナはカッチャーナのもとで出家して、比丘《びく》と呼ばれる正式の修行者となり、早や数か月が経っています。彼は、王城の中で起きた悲劇をまだ知らずにおりました。

同じ国内にいて王家の大事件を知らぬはずはないと、現代なら信じ難いことですが、その頃の修行ぶりは、現代では想像もつかぬほど厳しいもので、世間の噂が耳に届くどころではありません。すでに仏教教団にも竹林精舎や祇園精舎などの寺院が出来上がりつつありますが、それらの施設は雨期に滞在するだけで、寺に住みつくという時代ではありません。ましてコーシャンビー国内にこれといった寺院はまだ存在せず、比丘たちの生活は、出家の四依《しえ》による乞食《こつじき》の暮らしでした。

四依とは何か。一つは「食は乞食《こつじき》による」といい、食べ物は必ず路上で他の者の施しを受けたものを食べます。二つ目「衣は糞掃衣《ふんぞうえ》による」とは、貴重品である布は他人が捨てた便所の掃除布やあるいは死体をくるんで墓地に放置された布を手に入れ、使える部分を縫い合わせて身に着けることです。三つ目の「住は樹下坐《じゅげざ》による」とは、建物に居住せずに暮らすということですが、この三つは、衣食住に心を労すれば欲望が肥大するので、それを脱するための修行です。四つ目は「薬は陳棄薬《ちんきやく》による」と言い、牛の尿を腐敗させその上澄み液を下剤として用います。この四つの依りどころを維持することにより、生きることの手間や煩《わずら》いを最小にし、自分の心の在り方を整えるのに全力をあげ努めるのが仏道修行だったのです。食を恵んでくれる者に十日ほども巡り会えなければ、人生はそこで終わるという瀬戸際暮らしですが、今生きている一日の価値を、最大のものとして生きるための規則だったと考えられます。

シャラナはコーシャンビーの城下近くで数人の比丘たちとサンガを組み、ガンジス河のほとりを四依によって遍歴しました。出家した比丘または比丘尼《に》が四人以上集まる集団を、当時はサンガと呼びましたが、中国では僧伽《さんぎゃ》と漢字が当てられ、後に日本では一人でも僧という漢字を使うようになりました。

シャラナたちのサンガは次第にガンジス河から離れ、いつの間にか隣の大国であるコーサラとの国境に近づいていました。

ある日のことです。小高い丘の上の樹木の下でシャラナが坐禅に励んでいると、はるか北のコーサラ国に続く荒涼たる平原を、砂煙をあげた騎馬の一隊が駆けてきました。近づいてくるのを見ると、見慣れぬ姿ですが身分の高い騎士たちのようです。彼らはたちまち斜面を駆け上り、シャラナがいる場所から少し離れた森の中へ入っていきました。犬たちの鳴き声が聞こえ、シャラナは彼らが、狩りの一隊だと気づきました。

修行中は、心を周囲に動かされぬように努めなければなりませんが、若いシャラナの瞑想は早くも破れました。しかし本人はそれとは気づきません。そのまま彼の心は、狩りが大好きな父のウダヤナ王のこと、大規模な巻狩りが行われる日のコーシャンビー城全体を包むお祭り騒ぎへと漂《ただよ》って、しばらくの間、思い出の中をさまよいました。サンガの生活にも慣れてきて油断が出たようです。その心の隙を見透かしたように、いつの間にか数人の騎士たちが、シャラナの背後に立っていました。

「おい若僧。おまえはそこで、いったい何をしているのだ？」

ハッと我に返ったシャラナは、油断を見破られたと気がつきました。いまさら修行中だとも言えず、恥辱に頬が熱くなり、答えることができません。すると騎士たちの真ん中に立つ、シャラナとよく似た年格好の一人が尋ねました。

「見たところ仏道修行者のようだが、釈迦牟尼《しゃかむに》の教えに従っているというなら、阿羅《あら》漢《かん》の悟りは得ているのか？」

「いいえ、私ごときに阿羅漢果《か》がいつ得られることか、まだ見当もつきません」

シャラナは大慌てで打ち消しましたが、相手は畳みかけるように問いかけてきます。

「では不還果《ふげんか》を得たのか？」

「いいえ、とても及ぶところではありませぬ」

「では一来果《いちらいか》の悟りはどうなのか」

「まだまだでございます」

「では預流果《よるか》は？」

「いえ、それすらまだでございます」

相手は若いながら、仏道修行の四つの過程について、十分に知っているようです。仏道に参加する修行者は、最初に煩悩を断ち仏の教えに加わる決意を固める預流果という境地に至り、次に天界と人界を一往復生まれ変われば仏となれる一来果を得、その上で、もはや輪廻せず次の生で仏となる不還果を得、最も上位が今の人生が終わると仏となる阿羅漢果の境地へと、順に上昇していくと説かれています。若い騎士は皮肉にも上位から逆に、シャラナの達成した成果を尋ねているのです。

「それならば、修行の初歩である不浄観《ふじょうかん》は修めたのか？」

「いいえ、まだそこまでも進んではおりませぬ」

「では貴様は初心者なのにすでに怠け癖が身につき、無駄飯だけを食らう、この世の厄介者に過ぎんのだな！」

言うが早いか騎士は帯に挟んでいた笞《むち》を手に取り、情け容赦なくシャラナの頭を打ちました。驚いて打擲《ちょうちゃく》を避けようと手を上げたのがいけません。出家沙門《しゅっけしゃもん》にあるまじき振る舞いだと怒った騎士は、続けざまにシャラナを打ち据え、シャラナは頭から血を流して倒れました。騎士は言いました。

「私は外見だけを繕《つくろ》って生きている者が大嫌いなのだ。おまえが何者かは知らないが、今日のことを忘れずに真に道を求める者となったなら、いつでも訪ねてこい。私はコーサラの王子バイドゥリャだ」

騎士たちは血まみれで倒れたシャラナをあざ笑い、その場に残して立ち去っていきました。

シャラナは倒れた姿勢のままで涙を流しました。傷の痛みもさることながら、一方的な暴力を受けた屈辱に、呼吸が詰まるような激しい怒りを感じていました。

――出家した自分が、我が身を庇《かば》い守ろうとしたのは間違いだった。しかしコーサラの者が勝手にコーシャンビーに入りこみ、あんな横柄な振る舞いをするのは許せぬ。バイドゥリャ王子、この恨みは必ず晴らす！

午後遅くシャラナを探しにきた比丘たちは、彼の姿を見て驚きました。頭の傷は思いのほかに深く、比丘たちはシャラナをつれてカッチャーナのもとに帰ることにし、その夜遅くコーシャンビー城下に戻りました。

シャラナはカッチャーナに、コーサラの騎士たちと遭遇した様子を話しました。そして、これは国と国の問題であるから、自分は城に戻らなければならないと言いました。同席していた比丘たちは驚いてシャラナをたしなめますが、シャラナはカッチャーナに、城へ帰るためには教団を離れ、俗世間に戻る覚悟もできていると言ったのです。カッチャーナは黙って聞き、最後にシャラナにこう告げました。

「おまえは怪我がひどいから、これ以上身体を動かすのは良くない。一晩ここで休養し、明日去るがよいだろう」

その夜星々は静かに空を巡り、比丘たちはそれぞれの思いを抱いて大樹の下に身を横たえて眠りにつきました。しかしシャラナは眠れません。コーサラの王子とのやりとりが何度も胸によみがえってきて、何一つ言い返せなかった自分が悔しくてなりません。

――私はコーシャンビーの王位を継ぐこともできる身だ。国の総力をあげて兵を集めれば、いくらコーサラが大国だといっても勝敗はわからない。あんな無体な人間が国を率いるのは、大勢の人の不幸を招くだけだ。決して許すことはできない！

自分が大軍を率いる有様を思い、若者はようやく自尊心の痛みを宥《なだ》めて眠りにつくことができました。しかし浅い眠りの束の間に、彼はうなされながら多くの夢を見たのでした。

遂に修行の道を棄てて王城に戻ったシャラナは、父ウダヤナ王がすでに亡くなったことを知りました。彼は直ちに王位を継ぎ、コーサラ王となったバイドゥリャを討とうと大軍を招集しました。

四万の大軍がコーサラ城の城壁に挑みましたが、固い防禦に阻まれて味方の兵はみるみる撃ち減らされ、遂にシャラナ王は捕えられました。バイドゥリャ王は捕虜となったシャラナ王を即座に斬らせようとします。死を目前にしたシャラナ王は仏道修行を中断したことを深く後悔し、死ぬ前にもう一度だけカッチャーナ尊者に会いたいと、バイドゥリャ王に懇願しました。

バイドゥリャ王は最後の願いを許し、カッチャーナに使いが出されました。しかし、待てども待てども、尊者の姿は現れません。シャラナ王は自ら棄てた仏道に戻る道は閉ざされたと悟り、刑場に引き立てられました。覚悟を決めたはずのシャラナ王でしたが、刑吏の刃がまさに自分の首に振り降ろされようとした時、恐怖に耐えきれず大きな叫び声を上げました。しかしそのすべては、目覚めの前の僅か一刻の夢だったのです。

自分の声で目を覚ましたシャラナは、震え戦《おのの》きながらカッチャーナのもとへ行きました。今見たばかりの夢を語ったシャラナが口をつぐむと、尊者は静かに言いました。

「シャラナよ。生死をかけた戦いに勝者はいないのだ。戦闘はそもそも相手を殺すことを目的とするが、その時愚かな心は、一時は勝利の満足感を味わうだろう。だが自分や相手の生命が、どのように生み出されたのかよく考えてみよ。すべてはこの宇宙が一瞬も休むことなく動き続け、変化することから縁起したのだ。生命はただ一つといえども宇宙と一体であり、生命を損なう動きは宇宙の摂理《せつり》に背《そむ》く罪なのだ。それ故に勝つも敗けるも相手を損なおうとした仕業の報いは、必ず我が身に受けることとなる。それが因果応報《いんがおうほう》、悪因悪果《あくいんあっか》だと知って過《あやま》たぬようにさせるため、仏は修行者の戒《いまし》めの最初に、不殺生戒を定められたのだ」

　尊者は続けます。

「シャラナよ。笞打たれた痛みと苦しみを償《つぐな》わせるために戦争をしても、何の足しにもならぬことは、見た夢だけでも十分にわかったかね。生死の恐ろしさ、笞の痛さから逃れようとするのなら、我が心を観察し、正しい物の見方と正しい行いの道を身につける努力をしなければいけない。その努力の始めとして、恨みを捨てるほかに自分を救う道はないということが、この夢でおまえが知るべきことなのだ。その意味ではおまえは夢の中で、預流果の入り口に立ったのだよ。それは、バイドゥリャのおかげなのだ。おまえは彼に感謝すべきなのだよ」

カッチャーナは若い比丘に諄々《じゅんじゅん》と、仏から伝えられた法を説きました。それを聞いたシャラナは、心というものはよく調《ととの》えない限り、その独りよがりの愚かさで、自分自身に災厄を招くことを知り、改めて仏の教えに深く帰依したのでした。

シャラナの修行が再び進みだした頃、コーシャンビーは新たな暗雲に覆われていました。その頃のインドでは、多数の国々の中からコーサラ、マガダ、カーシーなどの大国が勢力をのばして対立し、周辺の国々へ大きな影響を及ぼしていました。コーシャンビーにも絶え間なく大国の圧力がかかりますが、肝心のウダヤナ王の心が、どうしても晴れません。全力をあげて国を護らねばならないのに、王は自らの過ちを憂えるあまり、自信を失ったままでいました。宮廷の人々はもちろんですが、国全体に不安が広がっていきます。

しかしその時、思いもかけぬ転機がこの国に訪れました。釈尊がカーシー国を経て、コーシャンビーへ来たのです。シャラナ比丘は仏に初めて出会い、歓びのあまり父のウダヤナ王を仏のもとへ招きました。

ウダヤナ王は息子の顔を一目見たいと願い、心を奮い起こして仏のそばへ出向きました。長い間釈尊を、そして仏道を敵視し嫌ってきた王でした。しかし仏に出会うなり、王の閉ざされた心は春の日ざしを浴びた氷のように解け、誰をも安らかにせずにはおかない、覚りの深さに包まれました。ウダヤナ王は心から、仏に救いの道を求めたのです。

「仏陀よ。心を安らかにするために、意識も無意識も超えるという、非想非非想処《ひそうひひそうしょ》の境地に達する瞑想を、どうか私に指南して下さい」

「王よ。あなたは何を求めておられるのですか？」

「心に何の煩いもなく、精神が静まり澄んだ境地を求めております。私の心は苦悩に張り裂けそうなのです」

「わかりました。だが『想《おも》ウニ非《あら》ズ想ウニ非ザルニ非ズ』とは、静まった水のように動かず、真実を映すことのできる境地ではありますが、いくらそれを実現しても、心そのものには何の変化も起きません。つまり瞑想を終えれば元の状態に戻るだけで、覚りではないのです。それより王よ。本当に苦悩を乗り越えるためには、自分を苦しめている課題について、真正面から瞑想するべきです。何に苦しんでいるのか、何故苦しむのか、解決のため自分にできることは何かと、気力と体力の限りを尽くし、恐れずに立ち向かうべきでしょう。そうすれば、苦悩は必ず乗り越えられるものなのです」

そして釈尊はウダヤナ王に、因と縁を善い方へ転ずる方法を教えました。自己中心の欲望、即ち煩悩に従って動けば悪業を重ねるだけだが、過去の悪業を懺悔《さんげ》し、すべての生命あるものが共に生きるよう自分の力を尽くすならば、それは善因となって必ず善果を生み、心は満ち足りるというのです。己を慎む心を持ち続ければ、悪業を犯すよりも善業を積むほうが易《やさ》しいのだと説く仏のことばを聞くうちに、ウダヤナ王の心は温かくなり、解きほぐされるのを感じました。

自分の所業の結果に苦しんできたコーシャンビーの国王は、仏の道を、初めて自分の道として受け入れました。こうして父と子は、共に仏道に生きることになったのでした。

この日の因縁がやがてウダヤナ王を動かし、仏教史上最初の仏像が造られることに繋がっていきました。そしてそこから、完成された精神の美しさを形にするという、それまでの人間の歴史で誰も試みたことのない探求が、仏教徒の手によって始められることになったのでした。

三、お釈迦さまはどこへ

人も羨むコーシャンビーの華麗な王宮に君臨しながら、不安と疑惑、憎悪や恐怖に取り巻かれ、重い気鬱《きうつ》を病んだウダヤナ王でしたが、その苦しみや悩みのほとんどを自分自身が作り出し、それが大勢の人生を狂わせ、生命を縮めてしまったのだと気がつきました。まさに生きる力も尽きそうな絶望の瀬戸際で奇しくも仏と対面し、王は再び活力を取り戻すことができたのでした。それは、太子となるべき立場にいながら王宮での居場所を見失い、出家してそばから離れていった我が子、シャラナの手引きによるものでした。

仏門に帰依したウダヤナ王ですが、息子のシャラナのように出家をしたのではありません。王の立場にとどまりながらお釈迦さまの教えに従う、つまり在家《ざいけ》の信者となりました。元気を回復したウダヤナ王の様子を見て、ほっとしたのは何といってもコーシャンビー王城の人々でした。国はかなりの規模を誇り、インド十六大国の一つに数えられるとはいえ、とびきりの超大国ではなく、王さまが無気力では、とても国がもちません。

何しろ近くには、コーサラ国とかマガダ国という超大国があり、他にもカーシーやアンガ、バッジ国など、産業を発展させ共和制を固めている国があります。しかもそれらの国々が、その後百年余りの間にマウリア王朝という大帝国に統一されてしまうという、大変動が始まる時期にさしかかっておりました。

ある日、マガダ国に行っていたコーシャンビーの使いが急いで帰国し、宮殿にやって来ました。ウダヤナ王は大臣たちを急ぎ呼び集め、その報告を聞きました。

マガダ国は野心的なアジャータシャトル王に率《ひき》いられた、十六大国の中でも最も侵略的な恐ろしい国です。そのアジャータシャトル王は、仏道を保護した父のビンビサーラ王を憎んで殺し、王位を奪った人でした。しかし後に自分の非を悟り、父と同じように、仏のことばに耳を傾けるようになりました。しかしマガダ国の領土拡大は続けられ、コーシャンビー国も情報を集める者を絶え間なく派遣するなど、最も警戒している国でした。その使いの者の報告は次のようなものでした。

「アジャータシャトル王は、バッジ国を攻める準備を整えました。しかし、まだ行動を起こしてはおりません。それにはこんな事情があると耳にいたしました」

アジャータシャトル王が、狙いを定めたバッジ国を征服する準備を終えようとする頃、巡歴の旅を続ける釈尊が、ちょうどマガダ国に戻って霊鷲山《りょうじゅせん》に登ったと知り、大臣のバッサカーラを霊鷲山に派遣しました。戦いについて仏が何を語るのか、知ろうと思ったからです

バッサカーラは釈尊に会い、アジャータシャトル王が戦いについて、仏のことばを聞きたいと願っていることを告げました。すると仏はその質問に直接答えず、弟子のアーナンダ（阿難《あなん》）に尋ねました。

「アーナンダよ。バッジ国の人々は、今もしばしば集会を開いて正しく会議を行っているのか」

「はい、私はいつもそのように聞いております」

アーナンダがそう答えると、釈尊は次々と、こんなことをアーナンダに確かめたといいます。

「アーナンダよ。バッジ国の人々は、今も互いに尊敬し合い、争うよりも相手の意見によく耳を傾けているのか」

「アーナンダよ。バッジ国の人々は、今も会議で議決されぬ事を法とは認めず、すでに議決された法は違えず守るのか」

「アーナンダよ。バッジ国の人々は、今も老人を大切にし、また老人の意見によく耳を傾けているのか」

「アーナンダよ。バッジ国の人々は、今も男女間の礼儀が正しく、女性を無理に連れ去ったり暴力で犯すことはないか」

「アーナンダよ。バッジ国の人々は、今も国の内外の霊域《れいいき》を尊び、神々に供物を絶やさず祀っているか」

「アーナンダよ。バッジ国の人々は、今も悟りを開いた聖者は是非とも国に迎えたいと願い、やって来た聖者には静かに住めるよう供養を続けているか」

このように、仏は七度アーナンダに確かめ、弟子はその度に、バッジ国の人々の考え方は、仏のことばの通りだと答えました。このアーナンダはいつも仏に随《したが》っている侍者《じしゃ》であり、そのため常に多くの人々にも会い、また聞いたことは決して忘れないように努めて、仏に仕えているのです。

そのアーナンダの答えを聞いて、仏は初めてバッサカーラに向き直りました。

「マガダの大臣よ。今私がアーナンダに確かめたのは、かつて私がバッジ国に滞在した時に、かの国の人々の求めに応じて話した『滅びることのない法』の内容です。これは七不衰法《しちふすいほう》と言い、法そのものが力を発揮する魔術のようなものではありませんが、人々を信頼によって結びつけます。この法を護る民は、自分の国への侵略を見過ごして滅ぶを待つということはないでしょう」

仏のことばを聞き終えて、マガダ国の大臣バッサカーラは自分の座を立ち、仏を礼拝して申しました。

「世尊《せそん》よ、まことにおことばの通りです。七不衰法の一つでも我が国では守り難いのに、そのすべてが行き渡っているバッジ国の人々を、我々が従えることはできないでしょう。またたとえ戦闘に勝ち国土を征服しても、人のいない土地しか勝ち取ることになり、そこからは一粒の米も麦も、手に入れることはできないでしょう。私はアジャータシャトル王に伝えます。今はバッジ国を攻めるべき時ではないと」

バッサカーラ大臣は仏にそう伝え、マガダ国に帰国したというのです。

「ウダヤナ王に申し上げます。マガダ国潜伏中に得た情報では、アジャータシャトル王のバッサカーラ大臣に対する信頼はゆるぎのないものであり、バッジ国侵攻は、おそらく先へ延ばされると思われます。これが使者としてのわたくしの、公式の報告内容でございます」

使者の言葉に、コーシャンビー宮廷は、安堵の吐息でいっぱいになりました。しかしウダヤナ王は言いました。

「確かにバッジ国が持ちこたえてくれれば、コーシャンビーの安全は高まる。だがそれを喜ぶ前に、このコーシャンビーの人々の心をバッジ国の人のそれのように、道理を何よりも重んじるものとするように努め、マガダ国やコーサラ国からも、一目置かれる国にしなければならぬ」

こうしてウダヤナ王は、以前にも増して政治に力を注ぐようになりました。王宮の人々も役人たちも、王を信頼して生き生きと活動し、国全体に再び活気がみなぎってきたのでした。

ところがその頃、コーシャンビーの仏道教団に、重大な危機が訪れていました。教団の基礎を確立したカッチャーナが、次に自分の生まれ故郷であるアバンティへの布教を目指し、釈尊に相談してコーシャンビーを離れて、さらに西へと向かいました。

ところがその後、コーシャンビー教団に内輪もめが起きてしまいました。

確かな指導者がいなくなった僅かな間に、人数が増えてきた教団内で、一人の比丘のある行為について、それがコーシャンビー教団に役立つ行為かどうか、判断が二つに分かれてしまったのでした。真剣に討論が行われるうちに対立が次第に激しくなり、やがて教団は、意見の違いによって二つの方向に分裂しはじめ、釈尊の耳に届きました。

ちょうど隣国コーサラに滞在していた釈尊は、コーシャンビーへと向かい、王城近くのゴーシタ園に到着しました。ゴーシタ園というのはコーシャンビーの仏道教団の拠点となっている場所で、悲劇の年に火の中で生涯を終えたサーマワティ正妃の養父であったゴーシタ長者が、仏道教団に寄進した園地です。

破戒の行為だと主張する比丘たちと、教団のための行為だと反論する比丘たちの双方に、釈尊はそれぞれ相手の言葉にも耳を傾けよと諭《さと》しました。しかし互いに顔を合わせると激論となることが繰り返され、とうとう食事も行事も別々にする状態に陥りました。互いに怒りを鎮めることができず、それは時に、憎悪と恨みに近い感情にまで及びそうになったのです。この時、仏が両派に向けて諭された最後の言葉が、次のように記録されています。

　恨みに恨みを以て報いても恨みは止まぬ
　恨みを捨ててこそ恨みは止む

この言葉は、少し形を変えてダンマパダ（真理のことば＝法句経）に残されました。そして第二次世界大戦後にサンフランシスコで行われた対日講和会議で、セイロン（現スリランカ）代表が、日本に賠償を請求しないという態度を明らかにする時に引用され、広く世界に、平和を作り出す言葉として知られることになったのです。

その後釈尊は仲介《ちゅうかい》をやめ、コーシャンビーを離れました。しばらくすると、その姿は誰の目にも触れなくなり、十日、二十日と日が過ぎ、間もなくコーサラ国へ戻られるのだろうという予測は外れました。

コーシャンビーの人々は釈尊の長い不在の原因が、自国の仏道教団の対立にあるのではないかと不信を抱くようになりました。都でも農村でも、托鉢に出た比丘たちに衣食を施し、敬意を表す者はいなくなりました。自分たちの争いに心を奪われ、ゆとりを失ってしまっていた比丘たちは自分たちの行為が招いた結果に驚き、ようやく自分自身を省み、和合を破ったことを身にしみて後悔し懺悔したのです。

ゴーシタ園を去った釈尊は、最初北のコーサラ国へ向かいましたが、次第に身を隠すように、国境もはっきりしない辺境地帯へと向かいました。パーラカの村を経てパーリレイヤカの林に至り、そこで歩みを止めて独り居の静寂を味わううちに、仏は一頭の巨象と出会いました。

年取って群れから離れた象ですが、この象が釈尊に親しみを感じとり、仏の座の草を除き果物を運び、時には風雨から仏の身を庇《かば》ったり、それとなく世話をするのです。ここで、禅定に次ぐ禅定で時を過ごしていた仏が、象に向かって独白された言葉が記録されました。誰が聞いていたのかは明らかではありませんが、ややさびしい感じの言葉です。

人の中の竜と鼻の長い象の竜は
同じ思いで林の中の孤独を楽しむ

覚りにほど遠い比丘たちの様子を哀しみ、孤独の境涯を懐かしまれたかのようでした。

さて釈尊の不在は一か月を越し、コーシャンビーでは、これはどうやら我が国に責任がありそうだということになり、特にウダヤナ王の心配ぶりは只事ではありません。

この王さま、好き勝手をしていた頃はどこやら醒めた人だったようですが、釈尊に会ってからというもの、他へは目もくれず、仏道一筋に打ち込んでいました。それが仏の不在に責任を感じて気を揉むこと一方《ひとかた》ならず、またまた気鬱の再来のような有り様で、寝込んでしまいました。王宮の大火災とそのあとの処刑で、大勢の生命が失われた時以来のことですが、今度は少なくとも解決法が明確に判明しているので、大臣たちは腹を決めました。

「お釈迦さまを探せ！」

命令が出されると、役人という役人、兵士という兵士が国の四方へ飛んで釈尊を探しましたが、何の手がかりもありません。

しばらくして、一つだけの情報が手に入りました。北の大国コーサラでも、パセナディ王が仏の身の上を心配するあまり、病気になったというのです。しかもそれに対するコーサラ国の対策は、コーシャンビー宮廷の人々を驚かせるものでした。国中の絵の上手を城に呼び集め、お釈迦さまの似姿の絵を描かせ、それで王を慰めようとしているらしいのです。

「うーむ。向こうが絵なら、こちらは彫刻じゃ！」

と言ったかどうか。しかしいつしかコーシャンビーの王宮では、国の総力をあげて、仏の姿を彫刻する機運となったのでした。

釈尊の姿が再び人の目に触れたのは、約三か月後のことでした。

コーサラ国の首都サーバッティ郊外の祇園精舎に到着していた仏は、対立していた二派の和解がようやく実現して、共に精舎を訪れたコーシャンビー教団の比丘たちを許しました。そして不和の原因となった比丘の二人が、それぞれ自分の過ちを認め謝罪したことが、仏典に細かく記録され残されました。

仏が姿を現し、ウダヤナ王はようやく元気を取り戻しました。王は自分を気遣ってくれた人々の心に感謝し、コーシャンビー宮殿では仏の像を制作する努力がそのまま続けられることになり、ウダヤナ王自らがその先頭に立ちました。

作られたのは香木を素材とする木像です。牛頭栴檀《ごずせんだん》と記録されている香木は、南インドのマラヤ山に産出する白檀《びゃくだん》のことで、赤、黒、白、紫の四種があります。コーシャンビーの人々は最上質とされた赤栴檀を選び、七尺の釈迦立像《しゃかりゅうぞう》を刻んだのでした。

工房には削られた白檀の香りが馥郁《ふくいく》と立ち込め、工匠《こうしょう》は刃物を一度揮《ふる》うたびに床に額を擦りつけて三度の礼拝を行い、心を深めながら刻みます。ウダヤナ王を先頭に、その場に詰めかけた人々がそれに合わせて礼拝し、多くの心が一刻み一刻み毎《ごと》に、像に籠《こ》められていきました。

一刀三礼《いっとうさんらい》の作品は、こうして仏の覚りの深さに迫る、まことに気高い彫像となりました。あまりに見事な出来映えに、神々の中の最高の工匠であり、宇宙の設計者とされるヴィシュヴァカルマンが力添えをしてくれたのだと、人々は喜び合いました。

コーシャンビーの仏像が完成し、その素晴らしさが伝えられると、コーサラ国の人々も仏像制作に取りかかり、紫磨黄金《しまこがね》と呼ばれる最高の金を用いて仏像を作ったと、伝説は伝えています。

仏の覚りは、人間精神の到達した究極の深さと美しさの現れです。それを何とかして形としようとする仏像が生まれてくる経緯《いきさつ》は、造像功徳経《ぞうぞうくどくきょう》にその一端を記録され伝えられました。その後も、この世に真実心を求める人々によって、どれほど多くの仏像が刻まれ生み出されてきたことか、数えることは不可能というほかはありません。

仏像を偶像《ぐうぞう》の一種とみる誤解も、未だになくなったわけではありません。しかしこの世に存在しない絶対なるものを仮にあらわそうとする偶像と、理解と信仰を表現しようとする仏像とは、全く趣《おもむき》を異にするものです。仏像を拝するとは、仏の覚りに仲介《なかだち》されて成立する、像の作者と観る者の精神の対峙《たいじ》です。偶像は前に立つ者に像への服従を強《し》いますが、仏像はその出来映えを味わい、時には論じ、自分の精神に及んでくるものを吟味し感じ取るための表現です。その仏像がこの世にあるということは、人間精神の営《いとな》みの、広がりと深まりの成果を示すものと言えます。

以上が渡来縁起の出発点、序段での出来事です。そしてこの生身釈迦如来像が不思議な縁を手繰り寄せ、どのようにして中央アジアを経て中国へまで到来するか、それが第二段の物語、また折りを見て、お話しいたしましょう。

渡来縁起序段のおわり

大いなる道

お釈迦さまがこの世におられた頃のことです。インドにマガダという大きな国があり、その国の首都ラージャガハ（王舎城）に、貿易を主としていろいろな事業を営む、豊かな長者が住んでおりました。

長者には一人の美しい娘がいて大切に育てられていましたが、彼女はひそかにある召使に心を寄せ、互いに深く理解し合うようになりました。召使は誠実な若者で深い理解力を持ち、長者の家族に仕えて働くうちに娘との間に心が通じるようになり、その男らしい美貌と相まって彼女の心を強く惹《ひ》きつけることになったのです。長者には次々と娘の縁談が持ち込まれていましたが、彼女は見向きもしませんでした。

しかし今から二千五百年もむかしのこと、主人の娘と召使という身分の違いは、簡単に超えられるものではありません。しかもインドにはバラモン教の神話による四つのバルナ（色＝種姓）の制度がありました。つまりバラモンと呼ばれる司祭の階級、クシャトリアと呼ばれる王侯・貴族、戦士階級、バイシャと呼ばれる農業を主とする平民、それにスードラと呼ばれた隷属民との、厳しい身分差別の制度です。さらに同じバルナでも、ジャーティという職業や結婚などの関係で無数に分かれる集団の、それぞれ厳密な制約が重なります。このバルナ・ジャーティの仕組みはカースト制度とも呼ばれ、現在のインド共和国では憲法で禁止されていますが、それでも実際に社会を動かす力を持ち続けている、根深い身分差別です。

さて長者の娘は最も上位の司祭階級であるバラモンであり、男は最下位の隷属階級に属するスードラでした。そんな仕組みの中にいる二人の結婚が、特に女性の側が上位である場合には、簡単に成り立つはずもありません。

長者の娘と召使の若者は遂に意を決し、家を出て駆け落ちしました。そしてラージャガハを遠く離れた辺境の地で、二人は自分たちの人生を切り開くため、出身を秘して世帯を持ちました。

身分制度を徹底しようとする社会では、出身を明らかにせぬ者は、どこにいても最低辺の不安定な生活しか得られません。それでも二人はいたわり合い励まし合って切り抜け、ようやく生活が落ち着いた時、妻のお腹には新しい生命が宿りました。そしてある日、お腹を蹴る赤ちゃんの元気な動きを感じ、母となることを知った若い妻は、生まれてくる子の行く末を思い、この世に口を開いている暗い悪意の深淵を覗き見る思いをしたのです。

インドで生きる人々にとって、バルナは神の意志に従う秩序です。それに従わぬ者は不浄の者として疎外され、チャンダラ（旃陀羅《せんだら》）として扱われます。その者の姿を見たり声を聞くだけで、自らが穢《けが》されると用心するべき賤《いや》しい者、すなわち接触することのできぬ賤民《せんみん》とされます。若い夫婦は、バラモンたちからはもちろん、スードラの人たちからも同じ種族、同じ職業に属する者として受け入れられず、不可触賤民《ふかしょくせんみん》とされるのは覚悟の上のことでした。しかしそれが愛しい我が子にも及ぶことに改めて思い至り、母となる者は耐え難い辛さと悲しさを感じました。

何日も何日も人知れず悩み抜き、ある日とうとう、妻は夫に向かって言いました。

「あなた。このお腹の中の赤ちゃんを、どうしましょう。親もとに帰って産んでやりたいと思うのだけれど……」

終わりまで言うのをまたず、夫は妻の気持ちを察しました。なぜなら子どもの将来を案ずる気持ちには、全く変わりがなかったからです。彼はすぐ、心配せずに思うようにせよと言いました。しかしその夫の心を思いやり、妻は重ねて言いました。

「赤ちゃんが再生《さいせい》の祭りをすませたら、すぐ連れて戻ります。そうしたら入門式までは、きっと一緒に暮らせるわ」

バラモン、クシャトリア、バイシャの上位三つのバルナは、死後は昇天《しょうてん》するか再び人に生まれ変わるとされ、再生族と呼ばれます。再生の祭りとは、再生族に生まれた子どもの、無事に再生したことを祝う儀式です。それに対してスードラやチャンダラなどに属する人びとは一生族《いっしょうぞく》と呼ばれ、再び人に生まれることはないとされていました。

もし長者である父が自分の屋敷でお産することを許し、孫として再生の祭りをしてくれたら、赤ちゃんにはバラモンの仲間入りをする道が開けます。再生族と認められれば、十歳になると第二の誕生とも言われる入門式をあげ、ヴェーダの祭りに参加する資格を認められるでしょう。

――それまでここで、自分たちが子どもを育てることを父に願い、何とかして許してもらおう……。

しかし夫を慰めるつもりの言葉が、夫のバルナを卑しめることにもなり、妻は思わず身震いをしました。しかし夫の様子は変わらず、静かに頷《うなず》いただけでした。

数か月が瞬く間に過ぎ、産み月が近づきました。妻は夫と別れてただ一人、自分の実家へと旅立ちました。お産がさし迫《せま》れば迫るほど、父の許しも得やすいかもしれない……。

ところが現実は、それほどたやすく思い通りには運びません。家から半日も歩かぬうちに妻はにわかに産気づき、無残にも、道端で赤ん坊を産み落とすことになりました。

賤《いや》しめられる女の道端でのお産は、珍しくはなかったかもしれませんが、お産に必要な水を手に入れるのは並大抵なことではなかったようです。なぜなら不可触とする賤視《せんし》は水の使用に殊更厳しく、賤しい者が水に触れると、その井戸も池も、川や海などの広い水域であっても汚れが広く全体に及ぶとされ、不可触とされた民は、いかなる水も自分で汲むことを許されていませんでした。水運びの女が哀れんで杓《しゃく》に三杯の水を恵んでくれ、妻はようやく、健やかに生まれた男の赤ちゃんと、自分の身体を清めることができたのでした。

体力と希望を共に失い、すっかり打ちのめされた妻はようやく家に戻りました。夫婦は抱き合ってその夜を泣き明かし、翌朝になって赤ん坊に名前をつけました。パンタカという名で、インドの言葉で「道路」を示す言葉です。生まれた場所を心に刻み、せめて道の神の加護《かご》を受けよとの、子に対する親の切ない思いを込めた命名でした。

気をとりなおした夫婦は、また仲よく働きました。赤ん坊は元気に育ち、とても可愛く利発な子となりました。村々を巡って雑用をする両親の後を、男の子がよちよちと慕い歩くようになった頃、二番目の子が母親のお腹に宿りました。

「今度こそ十分に気をつけて、早めに里へ戻っておいで」

「でも、今度の子だけが再生の祭りをするのでは、パンタカがかわいそうだわ」

「大丈夫だ。父上は心正しい方だから、私を許されることはなくても、孫たちの仕合せはきっと考えて下さるだろう」

ためらう妻を励まし、夫は妻を早めに実家へと送り出しました。だが何という巡り合わせか妻は再び路上で産気づき、パンタカが生まれたのとほとんど同じ場所で、助ける者もなく、二番目の子を産みました。月満たず、小さくひ弱な感じの男の子でした。

これが神々の意志なのだろう、夫婦はそう考えるほかはありませんでした。そこで上の子の名をマハーパンタカ（大路）と改め、弟はチュッラパンタカ（小路）と名付け、それぞれについて実家には何も言わず、自分たちだけで育てました。この間にも月日は足早に過ぎ去っていきました。

さて小さい兄弟が、道の神の細々とした加護のもとに育ちつつある頃、インドの北部ではお釈迦さまの教えが少しずつ、人々の間に広がっていました。

「ゴータマという沙門の教えはかなり変わった教えらしいぞ。神のことはいっさい説かず、人の行いだけを説くのだそうだ」

「人が行いを正し心を正しく保っていると、宇宙の真理がその人に顕《あらわ》れて、人は覚りを得ることができるのだそうだ」

お釈迦さまの噂《うわさ》はマガダ国のラージャガハから、また遠くコーサラ国の首都サーバッティなどからも、風の便りとしてパンタカ兄弟のいる片田舎の村にまで届くのでした。

十数年の時が、小さな家族の上を過ぎ去っていきました。兄のマハーパンタカは今や父の背丈をしのぐ若者となり、家族のために働いていました。彼はとても頭がよく、一度聞いたことは忘れることがありません。しかしその素質を生かす道はどこにもなく、村人の指図を受けて雑用をするだけの毎日でした。

ある日マハーパンタカは、両親に向かって言いました。

「お父さん、お母さん、お願いがあります。私は長男としてお二人の側にいるべき身の上ですが、どうしても仏の側へ行き、教えを受けたいのです。私は一生族としてあなた方の息子に生まれたことを、決して悔やんではおりません。だけど今回限りの人生だからこそ、真の教えを学びたくてたまりません。どうか旅立つことをお許し下さい」

父も母もまだ四十歳前でしたが、生活に疲れた二人の顔は無表情となり、普段は村人に依頼される雑用で働いてはいるものの、その様子はまるで死を待つ老人のようにも見えるほどでした。しかし息子の言葉を聞くと二人の様子は一変し、目は生き生きと輝いて生気を取り戻し、容貌《ようぼう》は気品に満ちたものとなりました。父は言いました。

「マハーよ。その言葉を聞いて私たちがどれほど嬉《うれ》しいか、おまえには想像もつかないほどだよ。ゴータマという沙門は聞く通りのお方なら、おまえの人柄を見抜いて、きっと傍で修行するのを許されるにちがいない。後のことは心配しないで、尊いお方のところへ行きなさい。そしてせっかく人と生まれた一生を無駄にせぬよう、しっかり学んでくるのだよ」

頷《うなず》きながら聞く母親も微笑みかけ、しかし涙を流しておりました。

マハーパンタカは、一日も離れることのなかった家族に別れを告げました。旅支度といっても、両親から受け継いだ強靱な身心と、お釈迦さまへの憧《あこが》れのほかに、これという持ち物もありません。仏は何処《どこ》におられるか、人の噂をもとに広大なインドを訪ね歩く、当てなき旅への出発です。そして後には父母と共に、小さなチュッラパンタカが残りました。

チュッラパンタカは長い間、ひと言も言葉をしゃべらぬ子どもでした。こんな小さい子は育たぬと言われながら、両親の懸命の努力で生き延びましたが、幾つになっても子どものままに見えました。いつもにこにこと笑っていて、言葉をかけてくれる人がいると、それがどんなひどい言葉であっても、いっそう嬉しそうな笑顔をみせるのでした。

「あいつは馬鹿だ。それも、村一番のとびきりさ」

兄のマハーに、いつしか一目置《いちもくお》くかの態度をとらざるを得なくなっていた村人は、その反動のようにチュッラを馬鹿にしたのです。その上マハーの姿が見えなくなると、いっそうあからさまにその態度を強め、物言わぬ三人の小さな家族を、ことさら踏みつけにするような言動をする者が増えていきました。


家族のもとを離れたマハーパンタカは、北へ、マガダの首都ラージャガハへと向かいました。仏が、よくそこを訪ねられると聞いたからです。さらに両親が、その町のことを懐かしそうに話すのを聞いて育ったためか、マハーにとっては、最も親しみを感じさせる町でもありました。

マハーが出てきた村は、インド亜大陸の中心部に広がるデカン高原の北東の端にあり、ラージャガハへは、かなり急いでも数日はかかります。首都への道は、森や岩山を巻くようにガンガ（ガンジス河）の平原へ降りていく、果てしない下り道でした。

マハーは数日を木陰で眠り、その次の日の昼過ぎに大きな川を見下ろす峠に出ました。今まで見たこともない大河です。

——これがガンガなのだろうか。だが、どこにも町は見当たらないが……。

道を下り岸辺に辿《たど》り着くと、渡し場がありました。小さな筏《いかだ》が十人ほどを乗せ、ちょうど漕ぎだすところです。

「若い人、ちょうどいいところへ来たな。乗っていくかね?」

棹《さお》を手にした大きな男が、マハーに声をかけました。

「乗せていただきたいのですが、ガンガの渡し賃になる物を、何も持っていないのです」

その時です。先に筏に乗り込んで坐っていた身なりの良いひとりの女が、マハーに向かって言いました。

「この川はガンガではなく渡し賃も要らないが、おまえは私たちと同席できる者なのか、父母は何をする者なのか答えなさい。もし同席できぬ者なら、乗れる時まで待つがよい」

老人や女や子どもなどの他の乗客たちも、一斉にマハーパンタカの方を見ました。どうやら皆が同族の者らしく、マハーが何者かを値踏《ねぶ》みする目は極めて険《けわ》しいものでした。すると棹を持つ男が言いました。

「この筏は家や象のように誰かの財産ではなくて、来合わせた者が乗り合わせて行くだけのものだよ。生まれ合わせたこの世と同じで、皆で同席するしかないし、特に今はお年寄りと女性や子どもばかりだから、若い人の力を借りないと、向こう岸へ着くまでにどれだけ流されるか心配だ。さあ若い人、力を貸してくれないか」

　男はそう言ってマハーを筏に乗せ、棹置きからもう一本の棹をとって渡しました。道理の言葉に逆らうわけにもいかず、バラモンの一族らしき乗客たちも黙りました。マハーは棹を持ち、男と共に一心に筏を動かしました。向こう岸に着いて乗客たちが立ち去ると、乗せてくれた男はマハーパンタカに向かって声をかけました。

「若い人よ。見かけたところ当てのない旅をしているようだが、何を求め、何処へ行くのかね」

「はい、私はガンガのほとり、ラージャガハへ行くつもりです。そこへ行けば、仏に会い、教えを請《こ》う手だてがわかるだろうと思うのです」

「仏に会い教えを請うだって？　そんなことをしても、この世におまえさんの居場所が見つかるわけでもなさそうだが……」

「そういうことを求めているのではないのです。確かに私はどのバルナ（種族）にも属さず、拠《よ》り所はありません。でも私が人として生まれたのはなぜなのか、私にはただ一回限りの人生だからこそ、どうしてもそれを突き止めたいのです」

マハーパンタカの言葉を聞いて、大きな男は青年の顔をじっと見つめました。しばらくして男は声を朗々と響かせて、空に向かって次のような詩句を歌いました。

人の身を受けることは難しく
いずれ死ぬる身の未だいのち有るも難しい
正しい教えを聞くのは難しく
もろもろの仏のこの世に出現されるのも難しい

「旅の若い方よ。おまえさんが川の名も知らず、どういうところなのかも知らずにこの土地へ来たというのは、よほど仏と深い縁があってのことかもしれないね」

「この川は何と呼ぶのですか。此処《ここ》はどういう土地だと言うのですか。また、あなたはどういうお方なのでしょうか？」

「おまえさんが目指すラージャガハやガンガは、まだうんと北の方さ。この川はナイランジャナー（尼連禅河《にれんぜんが》）。そしてここから少し上流へ遡《さかのぼ》ったところこそ、仏が覚りを開かれた場所、つまり真理が顕《あら》わになって仏に触れた場所、ボードガヤー（仏陀《ぶっだ》伽耶《がや》）だ。川に沿って上流へ行ってごらん。大きなピッパラ（菩提樹《ぼだいじゅ》）が見えてくる。それはそれは大きな木で、その下に仏が坐っておられたのだ」

仏の弟子は皆ボードガヤーに憧《あこが》れる、と男は言いました。自分もその一人なのだという男の言葉を聞き、マハーの全身に大きな喜びが湧き上がってきました。

――それならばこの自分には、仏に出会う深いつながりがあるのかもしれない……。

「自信をもってたゆまずに進め、若い人よ。まずボードガヤーへ行きなさい。その場所に立てば仏を感じるだろう。そこから見れば、仏が見られたと同じに象頭山《ぞうずさん》を見ることができるだろう。その後で仏を訪ねれば、必ずお会いできるだろう。さあ、私の昼飯を半分わけてやろう」

マハーは干した木の実をもらい、男の言葉に従ってボードガヤーを目指しました。川岸をひたすら上流へ歩き続け、ようやく巨大なピッパラ樹が見えた時、彼の心は早くも喜びに勇み立ちました。その場に近づくにつれ、繁る木や流れる水、風の匂いなどのすべてが彼に仏の存在を感じさせ、仏に対する憧れをより確かなものとしたのでした。

ボードガヤーでは、多くの仏道修行者、すなわち比丘《びく》と呼ばれる人々が禅定を修していました。そしてマハーに、仏はラージャガハの竹林精舎へ間もなく入られるだろうが、安居《あんご》の間は止《とど》まられるのだから、急ぐことはないと言いました。

安居とは六月から九月の厳しい雨季の間、修行者が病気や災害を避けるため遍歴を中断し、一か所に集まって師匠の教えを受けたり修行を共にすることを言い、ほかの教団が行っていることを仏道も取り入れました。竹林精舎はお釈迦さまの教えを尊んで、ラージャガハのビンビサーラ王が寄進した建物で、いわば最初の仏教寺院です。

そう聞いて、マハーは驚いて問い返しました。

「仏がラージャガハに来られるとわかっているのに、なぜあなた方はボードガヤーにとどまっているのですか?」

するると相手はこう答えました。

「お釈迦さまは教えを乞う者に、いつもそばに居よとはおっしゃらない。自分に適した修行の方法を見つけ、それに適した静かな場所を選び、一人で修行することを勧められるのだよ」

「でも、いろんな流派のどの修行者も、大勢の弟子を引き連れておられます。その数が多いほど、すぐれた師匠なのではありませんか？」

「お釈迦さまの教えはそんなものではない。人数で勢力を誇るのは愚かなことだ。仏の教えは支配することも支配されることも斥《しりぞ》けて、自分の身心の独立を目指すものだから、お釈迦さまは私たちを弟子だとも言われない。道の者、共に歩む者とおっしゃるのだ」

それを聞いてマハーパンタカは、今までにない教えを説く、真に優れた師に巡り会えるのだと知り、嬉しくなりました。

だがマハーの熱望にもかかわらず、彼がようやく竹林精舎に辿り着いた時、仏はすでに精舎を立ち去って不在でした。急いで後を追おうとするマハーを、精舎にいた比丘たちは引き止めました。

「そんなに急いではいけません。仏の道に入ろうと思うのなら、道に従う者の様子を、ここでしっかりと学びなさい」

「でも一刻も早く、仏に入門を許していただきたいのです」

「慌てても仏の道は身につきません。お釈迦さまは、『若いうちに始めよ、たゆまず進めよ』と教えられますが、急げとは、誰に対しても教えられたことはありません」

「この人の言う通りですよ、若い人よ。あなたは自分の心のままに何かをしようとしています。では尋ねますが、あなたの主《あるじ》はあなた自身なのか、それともあなたの心なのですか？　心は本当に、常にあなたそのものですか？　心の赴《おもむ》くままに物事を進めるのは危ういですよ」

――なぜこの人たちは、私の真剣さを汲み取ってくれないのか、なぜ足止めし、熱意を冷ますようなことしか言わないのか……。

もう一息で望みが叶《かな》うと信じていたマハーは失望し、涙を浮かべて精舎の人々を見上げました。しかしそこに見出したのは、逸《はや》る若者を気遣う表情ばかりです。それに気がついて、ようやくマハーの心は落ち着きを取り戻しました。

――そうか、この人たちの言葉こそ、仏のふだんの教えなのだな。そうだとすると、間違っているのは私の方か……。

忍耐の中で成長したマハーは、差し迫った状態でも自分自身を省《かえり》みることができました。そのおかげで辛《かろ》うじて、自分の感情が激発するのを抑えることができたのです。

若者が立ち直り、その場に安らぎが戻ってくると、比丘たちはマハーパンタカに微笑みかけました。そして、精舎にとどまって修行の見習いをしたらどうかと勧めました。

「そのうち必ず、お釈迦さまはここへ戻られます。あなたが追って行けば行くほど、仏との隔《へだ》たりは大きくなるでしょう」

そのうちとはどれほどの期間なのか、マハーはそれ以上尋ねることもできません。こうなれば、人々の言葉に従うほかに道はありません。

竹林精舎にとどまったマハーは、初めのうちそこの生活になじみにくく感じました。精舎といっても雨をしのぐ簡素な屋根と壁、それとわずかに高く土を固めた床《ゆか》が有るだけです。比丘は持ち物が極めて少なく、それぞれに周囲を片づけますから、掃除の必要もありません。幼い時から仕事を探し、見つかった仕事を一瞬の隙も見せずにやり遂げる生活が続いていたのに、することがないのがマハーを困らせました。しかしすぐにマハーは、それどころではない問題に直面することになりました。

旅に出てからのマハーは、行く先々で旅人として食物を乞い、生きてきました。しかし比丘の見習いとなると、空腹を誰彼《だれかれ》なしに訴えるわけにはいきません。ところが先達の比丘と共に托鉢《たくはつ》するようになると、なぜかマハーに食物を与えてくれる人は極めて少ないのでした。精舎に戻ってマハーが空腹を堪《こら》えていると、連れの者は黙って自分の受けた食物を分けてくれます。礼を言っても相手にされないので、黙って食べるようになりましたが、彼は思い切って比丘の一人に尋ねました。

「食べ物が得られない、というようなことはないのですか。もしそういう時には、どうすればよいのでしょうか」

尋ねられた相手は微笑み、静かに答えます。

「その時には自分の生命が終わるのですが、だが、なすべき事がある間は、そんな事にはならないでしょう」

生命が終わる……。その言葉は若いマハーには、槌《つち》で胸を打たれるように響きました。相手の言葉は続きます。

「真理を求め覚りを求める者を大切に思う人がいて、そういう人に出会えるようになるものなのですよ」

あとの言葉は、マハーパンタカに十分に届いたとは言えませんでした。なぜならマハーの耳の底で、死という言葉が、急に鳴り響き始めたからでした。

――仏の道は、死ぬことに結びついているのだろうか？

マハーはそれまで自分の死について、深く考えたことがありませんでした。自分が再生族の一員ではないという意識はあっても、健康な若者にとって死はまだまだ遠いものでした。それなのに、いきなり生と死が隣り合わせの現実であることを、胸元に突きつけられたのです。心が乱れたマハーでしたが、やがて我に返って相手の比丘に言いました。

「ただ長く生き延びることだけを、私は願っているのではありませんが、でもせっかく人と生まれた意味を深く知りたいと思うのです。すぐ死ぬわけにはいきません」

マハーの言葉に相手は頷き、そして言いました。

「それならあなたがここに来たのは、仏の導きなのでしょう。仏は常に、深く生きよと説かれるのですからね。そうですね、お釈迦さまにお会いする日まで、死を見つめ死を知る実践をするのが良いのではないでしょうか。生が常に死と結びついていることを知れば、あなたはきっと進歩するでしょう」

数日後マハーは、この比丘の勧めを受け入れることに決めました。竹林精舎の北の方、精舎に続くカランダカ池を越えて行くと墓地があり、シータヴァナと呼ばれていました。彼はそこで数か月を過ごすことにしたのでした。

墓地は凄まじいところでした。そこは寒々とした林で、単なる死体の集積場、今の墓地とは比べものにならぬ乱雑さです。近辺の死者が運ばれて来て、恵まれた少数の者は荼毘《だび》に付されますが、ほとんどはそのまま放置されて朽ちていきます。

老いた者も若かった者も何の相違もなく、日と共に死体は膨張《ぼうちょう》し、皮膚が破れ肉が崩れ血塗《ちまみ》れとなり、膿《うみ》がどろどろに流れ、次に青黒く乾燥し、風雨にさらされて白骨となっていきます。その間に鳥や獣など屍肉《しにく》を漁るものが群がって死者を食べ、彼らもまた、生きた肉を狙う大型の獣に捕らえられ食べられます。しかも生命を失った人や獣の体に目を凝らすと、さらに小さな無数の虫たちが、せっせと死体を食べているのです。

初めのうちマハーは圧倒されるだけでしたが、ゆとりが出てくると、他にも何人か修行者がいることに気づきました。仏の道以外の者も含め、不浄の観察として、死を観る修行に励む者がいるのです。その修行者たちの野宿や托鉢の仕方を見習いながら、マハーは死の観察を深め、自分の観察眼を深めていきました。

——死は避けようもなく、自分にも迫ってくる。死は恐るべきことだが、目を背《そむ》けても本当の生き方から離れるだけだ。ここで生と死の基本を見つめ、修行者としての基本を身につけよう！

マハーは熱心に修行の生活を学び始め、やがて死者が身につけていた布をもらって洗い浄め、綴り合わせて糞掃衣《ふんぞうえ》をつくることもできるようになりました。こうした精進の結果、数か月後に竹林精舎に戻った時、マハーは比丘たちに温かく迎えられました。その真剣さが通じたのに違いありません。

「死を見つめて、どうでしたか？」

墓場に行くことを勧めてくれた比丘が尋ねました。マハーは少し考え、答えました。

「死は生の終わりですが、生を支えてもいます。死なくして生はなく、分かつことができぬものだとよくわかりました。ですから死がやって来るまでは恐れず目を背けず、時をおろそかにせず励もうと思います」

するとその比丘はマハーに向かって微笑み、澄んだ声で次のように唱えました。

すべての者は暴力におびえ
すべての者は死をおそれる。
己《おのれ》が身にひきくらべて殺してはならぬ。
殺さしめてはならぬ。

「若い人よ。これが仏の定められた殺生戒です。あなたはまだお釈迦さまにお会いしてはいないが、この第一の戒の意味を会得《えとく》し、死についてはその半分を学びましたよ」

その励ましの言葉は、マハーの心をゆったりと包み込むようでした。その夜、孤独な青年は旅に出てから初めて、胸を浸《ひた》す温かな思いに包まれて眠ることができました。

次の年、お釈迦さまが竹林精舎へ戻られると、マハーパンタカはさっそくに入門を願い出ました。

「仏さまにお願い申し上げます。私はスードラを父とし、バラモンを母として生まれたチャンダラの一人です。最も卑しめられる者ですが、どうか弟子にして下さい」

お釈迦さまは微笑まれ、マハーはその場で入門が許されました。家を出て一年半、彼は念願の仏弟子となりました。

それからふた月ほど経ったある夜のこと、まだ雨季なのに晴れて月が出ました。マハーは久しぶりに精舎の外で禅定に励んでいました。黙然と座り続ける彼の瞳に、木立を通して少し離れたカランダカ池の、水面に映る月の光が届きます。

夜半に池の水面全体が、急に明々と輝き始めました。同時にマハーの頭の天辺《てっぺん》に痺れるような衝撃が生じ、ゆっくりと背骨を伝って大地の底深くへ貫《つらぬ》いていきます。禅定のまま周囲を見ると、天も地も光に溢れ、はるかな星も林の木々も、すべてがマハーパンタカの目覚めを喜び、彼に呼びかけているのです。この大自然の歓喜の只《ただ》なかで、マハーは動くことを忘れました。溢れる喜びを天地と共に味わっておりました。

こうしてマハーパンタカは、入門後まだ一夏九十日の安居を終わらぬうちに、聖者の第一階の預流果《よるか》の境涯《きょうがい》に達しました。それ以後の彼は、仏の道に心を寄せる人々に尊者《そんじゃ》と呼ばれ、尊《たっと》ばれることとなりました。

その頃、故郷ではチュッラが心細い日々を送っていました。

「おーい、チュッラパンタカさん。あんたは僕たちよりもうんと年齢《とし》が上なのに、なんでそんなにチビなんだい」

「パンタカさん、あんたのじいさん、ばあさんは、いったい何処《どこ》にいるの？　あんたたち親子はボウフラみたいに、水溜まりから湧いて出たって本当なの？」

村の子どもたちはチュッラパンタカの姿を見ると、たちまち周りを取り囲んではやし立てます。なかでもチュッラの名前を尋ねて遊ぶのは、子どもたちにとってはいちばん楽しい遊びでした。なぜならチュッラは何歳になってもその問いに、すらすら答えることができなかったからです。

「パンタカさん。あんたのお名前何というの、何というの？　お名前教えてパンタカさん！　お名前教えて、パンタカさーん！」

子どもたちはチュッラパンタカを取り囲み、手をつないで輪になり、目を輝かせてチュッラに呼びかけます。チュッラは今日こそはすぐに答えようと勢い込んで頷きますが、いざとなると、やはり少し気後れし不安にもなるのです。するとたちまち言葉は喉《のど》に詰まり何も言えずに顔だけが赤くなったり青くなったり、時には白くなったりして、最後にはただ、にこにこと笑うしかなくなるのでした。

チュッラパンタカは身体がひどく小さく、その能力も低いと思われていて、村では彼に仕事を与える者はおりません。両親ですらこの子は一人前になれないと思い、いつまでも幼児のように扱っておりました。たださすがに親たちは、チュッラの心が並外れて純真であることに気づいていて、情愛をこめて彼を可愛がりました。兄のマハーを遠くに旅立たせた後は、特にチュッラを大切にしていたのです。この両親の愛情は、子どもの心を深く大きく育てるのに、何よりの滋養となっていったのでした。

そんなある日のことです。村の大工たちが集まる仕事場で、チュッラの両親は木切れを片づけたり掃除をする仕事に呼ばれ、チュッラもついて行きました。

作業場で遊んでいた子どもたちがたちまちチュッラの周りに集まって、名前尋ねの遊びを始めました。チュッラの顔が赤くなったり青くなったり、大人の大工たちまでもが、その様子をみて笑いました。そのうちに若い見習いの大工の一人が、何を思ったのか一本の木の枝を取り上げ、細長い札のように削り上げました。二つの穴を開けて持ち易いように紐を通し、最後に若い見習い大工は親方に、チュッラパンタカの名をこの札に書いてやってほしいと頼みました。

何事かと思って、職人たちが周りに集まりました。チュッラの名札を作るのだとわかり軽いどよめきが起こりました。ある者は納得して頷き、ある者は思うところあり気な顔つきで頷きます。結局、反対する者はなく名札は出来上がりました。

「ほら、チュッラパンタカよ。これはおまえの名前を書いた札だよ。これからはこの札を持って歩き、名前をきかれたら、落ちついてこの札を見てから答えればいいからね」

若い大工はにこにこ笑いながら、チュッラに名札を手渡しました。チュッラは瞳を輝かせ頬を赤くしてその言葉を聞き、大人たちが見守る中、名札を受け取りました。

さてこのことは噂となって村中を駆けめぐり、次の日には多くの人がチュッラの姿を見ようと待ち構えました。するとか細い身体のチュッラパンタカが、あろうことか札の紐《ひも》を首に掛け、少し歩きずらそうに上体を揺らせながらやって来ます。その姿を見て囁《ささや》きあう者、指さす者、あからさまに嘲笑《あざわら》う者、ざわめきが道に沿って起こり、チュッラパンタカは羞《は》じらうように微笑みながら、その中を歩いて行きました。

それからというもの村では、両肩から羽が生え出たようなチュッラパンタカの姿が、毎日見かけられました。彼は大工の親切を露ほども疑うことはなく、決して名札をはずそうとはしませんでした。そしてその後を、子どもたちの行列が続きます。子どもたちは今では名を尋ねて遊ぶより、チュッラと行列するだけで人々に注目されることに気がついていました。そしてそれがとても気に入ったようでした。

けれどひと月が過ぎ、ふた月三月経つにつれチュッラのその姿は、珍しいものではなくなりました。子どもたちは行列にも飽き、いつの間にか、「お名前は」と尋ねる遊びも下火になっていきました。

チュッラは一人でいるようになり、時に荒野へ入りました。村を少し離れるとデカン高原の荒涼とした乾燥地が続き、人の姿はほとんど見当たらぬところです。でもたまに猟で遠出をした村人が、思いがけずチュッラに出会うことが増えました。そんな時、たいていの村人はぎょっとしてしまいます。

その姿は時には首筋を槍に貫かれた人間を思わせ、時には羽を傷めて地に墜ちた鳥の、もがき歩く姿のようにも見えたのです。すると獲物を追う人は急に落ち着かぬ気分になり、立ちすくんだりするのでした。こうして、名札を荷《に》なう少年の上にも、歳月は休まず過ぎていきました。

マハーパンタカとチュッラパンタカの二人は、兄弟なのにまるで正反対の道を進んでいくようでした。兄のマハーはその名のように、大きな道を切り開こうとしているのに、弟のチュッラはまるで、小さい袋小路に閉じ込められているように見えました。親二人は自分たちの命名が、子どもの運命を左右したのかと不安を感じておりました。しかし兄弟には、間もなく大きな転機が訪れようとしていたのです。

兄弟の祖父にあたるラージャガハの長者は、召使たちに娘の行方をそれとなく探させていましたが、いつまでたっても何の手がかりもなく、どうしようもない状態が続きました。

ところが二十年近くも過ぎて、はるか遠いデカン高原の荒れ地の村に、娘とその家族が住んでいるという情報が、ラージャガハに住む老バラモンの屋敷に伝えられたのでした。

——何と、男の子が二人だと……。娘やその夫となった者を今さら許すことはできないが、孫たちを何とかしてやれぬものか。

長者は信頼する召使の一人を南東の方向へ旅立たせ、娘とその家族を突き止めさせることにしました。使者となった召使はデカン高原へ踏み込む準備を調《ととの》え、供の者を連れてさっそくに旅立って行きました。

デカン高原は、もとガンジス河やインダス河の平原に住んでいた人々が、後から来た身体の大きな侵略者に追われて移り住んだ土地でした。土は痩せ水は乏しく米も麦も作りにくく、粟《あわ》、黍《きび》、稗《ひえ》などの雑穀を作ります。代を重ねるにつれ住む人々の身体や顔つき、言葉なども、平原の人々とはかなり変わってきました。

手がかりは乏しく、打ち解けない人々の間をひと月近くもさまよい、長者の使者はようやく、父母とチュッラパンタカだけの小さい家族を捜し当てました。使者は言いました。

「お嬢さま、久しぶりにお目にかかれて、私は胸がいっぱいになりました。だがまずは、お父上のお言葉をお伝えしなければなりません。お父上は申されました。子どもたち二人にラージャガハの屋敷に住み、その場所にふさわしい暮らしをするつもりがあるのなら、祖父として一切の面倒をみよう、また子どもの両親には自ら望んだ今の場所で暮らすことを認め、いささかの金を与えようと……。そしてこれが、お預かりしてきた砂金でございます」

息子のチュッラパンタカを横におき、使者の言葉を聞いた夫婦は、自分たちが年老いた者に、何の思いやりも施《ほどこ》さなかったことに思い当たりました。

——過ぎ去った歳月はとても厳しいものであったけれど、この子の祖父にとっても、苦悩の歳月であったのに相違ない……。

妻は使者に向かって丁寧に言いました。

「私たちの親不孝を心からお詫びすると、父上に伝えて下さい。そしてできることならここにいる下の息子チュッラパンタカを、ラージャガハへ連れて行ってやって下さい。夫も思いは私と同じです。この子は覚えが悪くて仕事は何にもできないけれど、比類《ひるい》のない純真な魂の持ち主です。祖父の側で暮らすなら、人々からふさわしい敬意を受けられるでしょう。ここにいる限りこの子は、口にすることもできぬような仕打ちに、毎日耐えて過ごさねばなりません。連れて行ってもらえたら、親としてこれほど嬉しいことはありません」

　だがチュッラは首を振り、後ずさりして使者の前から逃れようとします。両親はその手を捕らえ、懸命に説得しました。

「チュッラよ、よくお聞き。別れるのは辛いけれど、皆にとっていちばんよい道が開けるのだよ。おまえはお祖父《じい》さまの側でいろんなことを学び、きっと立派な人になるだろう。私たちは何よりそれを望んでいるのだよ。マハーだって、きっとおまえを訪ねていくようになるだろう……」

　それでもなおチュッラパンタカは、親と離れるのを嫌がりました。しかし自分が行くことが、皆をいちばん喜ばせることになるとわかると、ようやく使者と共にラージャガハへ行くことを納得したのでした。母親は使者に言いました。

「どうか父上に伝えて下さい。チュッラパンタカは、我が子ながら見所のある者です。だがそれは、誰にでもすぐわかるというわけにはいかないものなので、それゆえに父上にお縋《すが》りいたします。どうかチュッラを一人前にしてやって下さい。兄のマハーパンタカにも、いずれきっと会ってやって下さる時がくるでしょう。彼は仏のもとへ行きました。そこで自分の人生を見つけてくれるものと念じております。二人に目をかけて下さって、私たちは何にも代え難い喜びを頂きました。それで十分です。どうか砂金は、子どもたちのために役立ててやって下さい」

母親はいったん受け取った砂金の袋を、使者の手に戻しました。粗末な身なりながら凛《りん》とした姿です。使者にはこの母親の、まだ主人の娘だった頃の様子が思い起こされて、その前に跪《ひざまず》いて言いつけを受けました。そしてチュッラパンタカを連れて、ラージャガハへと帰っていきました。

五日の後《のち》、チュッラパンタカは祖父の派遣した使者に伴われ、ラージャガハの南門をくぐりました。

門を挟むように迫るソーナ山とウダヤ山の頂上には、石を積み上げた城壁が延々と続きチュッラは目を丸くして見上げます。間もなくソーナ山の裾を左に曲がると、目の下一面に、石造りの内壁にぐるりと囲まれたラージャガハ市街と王城が見渡せました。それは周囲を五つの山に囲まれた、まるで箱庭のような美しい眺めです。使者は言いました。

「さあ、もうすぐ内城です。長者さまは首を長くして、あなたの到着を待っておられますよ」

供の者の前触れを受けた長者は邸の門の外に出て、初めて会う孫を出迎えていました。髪はすでに真っ白ですが大きな身体は堂々と直立し、その鋭い眼の光は近づく一行の中に孫の姿をしっかりと見定めていました。

「おまえがチュッラパンタカなのか？　ここへ戻ったからには、おまえは私の子だ。私を自分の親と思いなさい」

祖父のバラモンは、まるで幼児であるかのようにチュッラを軽々と抱き上げました。そして門の中へ入り、大勢の召使たちに向かって、チュッラパンタカとその兄を、主人の子として扱うようにと申し渡しました。

長者は、広くインド諸国との貿易を手がけ、人を見抜き商機を逃さぬ辣腕《らつわん》の人ですが、自他に厳格であると共に、思いやり深い人でもありました。それゆえ召使たちは、心からその主人を敬って仕えておりました。しかし彼らの心の中には、長年にわたって社会が築いてきた考えがしみついており、それは主人の威厳をもってしても、変えさせるのは難しいことでした。

彼らはチュッラパンタカの両親のことを知っていました。その二人の子であるチュッラはチャンダラであることに間違いなく、その身体の一部といえども、自分たちに触れさせてはならぬ賤民であるという考えを、ぬぐい去ることはできませんでした。

召使たちは、仕事に苦痛を感じるようになりました。特にチュッラパンタカの世話を命じられた者は、悩みを深くしたのです。彼の衣服を洗濯する者、彼の使った食器を洗う者、寝床をしつらえる者それぞれが、耐え難い思いをしていました。皆がその主人を敬愛していたにもかかわらず、何人かは暇《いとま》を願い、邸を離れるまでに至りました。

長者がその召使たちの動きを、見誤るはずはありません。だが家族に恵まれなかった長者は、ほとんど物をいわず微笑むだけの小柄な少年を、日を追って深く愛するようになっていきました。彼は召使たちがチュッラを認めてくれることを願い、祈るようにチュッラを抱き上げ手を引き、共に食事を摂りました。ところが小さい者への愛が深まれば深まるほど、長者はその召使たちにも勝る苦悩の深みへ墜《お》ちていき、夜、自分の部屋で一人になると、彼の口からは思わず知らず、呻《うめ》きがこぼれるようになりました。

――自分がいなくなった後、チュッラをどうしてやれば良いのだろう。富や権力、これまで私が人生をかけて手にしたもの、それらでは、どうにもならない。この不安、この苦しみを和らげる方法はないのか。

社会の上層の者を護るための規範が、今は長者に深く突き刺さってくるのです。苦悩から逃れようともがく長者の心は、今まで見向きもしなかった、その頃の新しい思想や教えの方へまで向かっていきました。

その頃のインドには、バラモン教に縛りつけられた社会の仕組みを揺り動かす、さまざまな新しい教えが興《おこ》っていました。伝統に囚《とら》われないサーマナ（沙門《しゃもん》）と呼ばれる人たちがインド全土を遍歴し、新しい教えを説き教団を作っていました。仏の教えもその一つです。長者は最近、ラージャガハのいくつかの教団が、仏の教えに帰依したという噂を聞いたことがあるのを思い出しました。

――確かゴータマという沙門が覚りをひらき、仏陀《ぶっだ》とか釈迦牟尼《しゃかむに》とか呼ばれているそうだ。その者が説く、苦を離れる教えとはどんなものか。

ある日、心を決めた長者はチュッラ一人だけを連れ、ラージャガハの北門を出て雨季の荒野に踏み込み、少し離れたところにある竹林精舎の門へ向かいました。

チュッラパンタカを連れた長者が竹林精舎の門をくぐったのは、ちょうどお昼すぎの頃でした。乞食《こつじき》を終えた修行僧は精舎に戻って昼食をし、明日の朝までは外出する者はないはずです。折りよく雨は上がって林の中に建物が幾棟か見えますが、動くものの姿は一つもありません。

しばらくすると食事が終わったのか、扉を開いて外に出る人影が見えるようになりました。しかし道にたたずむ二人に、声をかける人はいませんでした。バラモンとその孫は黙って立ちつくし、何かのきっかけが自分たちに訪れるのを待つかのよう、精舎の様子を見守っていました。

どれほどの時が過ぎたか、再び雨の気配が濃くなり、彼方の林に何人かの修行僧らしき姿が、影法師のように現れました。次第に近づいてくるその姿を見て、それまで祖父の傍で黙って立っていたチュッラパンタカが、やにわに駆け出していきました。降り始めた小雨の中を立ち尽くす老人の目に、小さなチュッラが背の高い一人に、飛びつくように駆け寄るのが見えました。

他の修行僧は歩調も変えずに離れ去り、二つの人影がその場に立ち止まります。やがてその二つはまっすぐに長者の方へ顔を向け、雨の中を足早に近づいて来ました。

——ひょっとするとあれがもう一人の孫、マハーパンタカなのか。それ以外に、あの並外れて内気なチュッラが、あんなにも親しむ人物がいるとも思えぬが……。

傍まで来るとチュッラの連れの修行僧は、老いた長者の前に立ち止まり、丁寧に挨拶の礼をしました。若い長身が痛々しいほどに痩せていますが、すでに犯し難い風格があります。命令の口調が身に染みついている長者が、まるで対等の者に話すような丁重な口ぶりで、自分から話しかけました。

「お見受けしたところ、あなたはチュッラパンタカの兄の、マハーパンタカではありませんか？」

「はい、私はマハーパンタカです。そしてあなたこそ、私たちのお祖父《じい》さん。どんなにかお会いしたいと、子どもの時から思い続けておりました」

人生に練達した老人は、孫である相手の目を見つめました。若者の瞳は降りしきる雨の中に見開かれ、肉親への親愛と懐かしさを湛《たた》えながら、しかし微動もしない落ち着きを保っています。長者は腹の底から声を絞り出すように話しました。

「徳高い修行者であるマハーパンタカよ。どうか私の悩みを聞いて、よい智慧を授けてほしい。私はチュッラパンタカが気がかりでね。このような純な人間が蔑《さげす》まれて、この先どうして生きていくのかと思うと眠れないのだ。私の生きる時間は残り僅かだし、その後を思うと、居ても立ってもおれぬほど心が痛むのだよ……」

　するとマハーパンタカは、即座にこう言いました。

「実は私は、お釈迦さまにお目にかかったその時から、弟もここに呼びたいと念じておりました。ここには修行の厳しさがありますが、バルナの差別はありません。本人に入門の意志さえあるのなら、今ちょうど仏はこの精舎におられます。すぐにでも、お願いいたしましょう」

　話しながら二人は、期せずして同時にチュッラパンタカの方へ視線を向けました。チュッラは少し羞《はず》かしそうに頷きます。

「ここに居るといっても、私と一緒に暮らすというのではないのだよ。仏道に入ったなら兄弟ということはなくなり、自分で学び、思案して覚りに辿り着かねばならないのだよ」

　あるいは親や祖父の傍のほうがいいのかもしれない……。マハーはそう語りかけましたが、チュッラパンタカは言葉は少ないながらに、きっぱりと仏道への入門を希望したのです。そのチュッラパンタカの様子を確かめて、長者は喜びと安堵《あんど》のあまり、涙を流して言いました。

「ああ、今日は何と良い日だろう。さっきまでの私の悩みは、まるで朝霧のように消えてしまった。それにしてもバルナを超えて集《つど》うとは、何と素晴らしい教え、何と素晴らしい人たちだろうか！　マハーよ、チュッラよ。私は一人きりでラージャガハの家へ戻っても、そなたたちがここに居て励んでいることを思うだけで、仕合わせになれる。そうだ、私はこれからこの精舎に、できる限りの喜捨《きしゃ》をさせてもらうよ」

老いたバラモンは、二人の孫を交互に抱きしめ、振り返り、振り返り竹林精舎を離れていきました。こうしてチュッラパンタカも兄に次いで仏道に入り、修行の生活に加わったのでありました。

チュッラパンタカは順調に入門を許され、仏道に加わる一人となりました。初めて仏に出会った時、チュッラはただ黙っていましたが、彼の深い感動は、傍に居る者にまでありありとわかるほどでした。

それからのチュッラは、仏が竹林精舎にとどまっておられる間、ほとんどいつもそのそばで過ごしました。といっても、仏のそば近く寄るのでもありません。仏が弟子たちの誰かに語りかけておられる時、その声が聞こえる場所にいるだけで満足しているようでした。

そんなチュッラパンタカの様子を見て、兄のマハーパンタカは、

――あのチュッラの姿を見たら、故郷の父母がどれほど喜ぶことか。

そう思わずにはおられません。しかしすぐ、すべてを捨てて出家修行の道を切り開かれた仏を思い、自身の肉親に対する思いを、愛執《あいしゅう》に動かされ易い弱さとして自戒《じかい》に努めます。

雨期が明けると、お釈迦さまはいつものように旅立ち、竹林精舎では、新参の弟子たちが先輩の修行僧から修行生活の基本を学びつつ暮らしていました。マハーパンタカも自身の修行の傍ら、何人かの新参の弟子の教育を引き受け始め、その中にはチュッラパンタカも含まれました。修行には血縁の関係は、何の意味も持たないからです。

さまざまな生い立ちをもとに、さまざまな思いで仏の道を求める人たちを導くには、当人の修行の状況にふさわしいお釈迦さまの導きのことばが、何より重要な役割を果たします。それゆえに直接に仏の教えを受け、覚りの第一段階にあたる預流果《よるか》を実現した比丘が、仏とその道に志す者を結ぶ重要な働きをしていました。彼らは自分の心

に刻まれた仏のことばを入門した新参の者に伝え、その人たちが直接に仏のことばに接する機会が来た時に、即座にそのことばを我がものとできるように助けます。マハーパンタカも、その重要な役目を担う一人となっておりました。

マハーは眠りを貪《むさぼ》らず、食事を貪《むさぼ》らずに暮らし、動作は一歩一歩の足どりに心をくばり、静座《せいざ》の時は主として吐《は》く息に思いを凝《こ》らします。こうして、自分の心を制御することに専念し、自分自身の主《あるじ》となることを目指すのが仏の道でした。その間もマハーは、共に暮らす数人の新参の比丘の様子に注意を向け、一人ひとりに必要な注意を与えました。

チュッラパンタカは順調でした。彼は修行生活に溶け込み、マハーを見習うのを、さほど苦にするようでもありません。こうして数か月が過ぎましたが、マハーがいよいよ新参者を次の段階に導き始めると、急な異変がチュッラの身の上に起こりました。

かぐわしい真紅の蓮が
暁に咲き出て香るように
遍《あまね》く照らす覚者（仏）を見よ
空に輝く太陽のように

修行する者の心に一つの方向を与えるため、短い詩句の暗誦《あんしょう》が始まりました。示された詩句を記憶し、そこに描かれた情景や内容を心に刻み、それを積み重ねながら修行の段階を進めます。今も仏教徒が読経《どきょう》や誦経《ずきょう》に励むのは、その伝統を受け継いでいるのだと言えます。

さて最も初歩の暗誦が始まって数日後、チュッラの様子の変化が、周りの誰彼にも否応なくわかるほどになりました。彼は目に見えて落ち着きをなくし、穏やかでしかも意欲的であった修行態度が、一転して暗くなりました。そして誰もが苦もなく暗誦し我がものとした最初の詩句を、その一行すら滑らかに口にすることが、彼にはどうしてもできませんでした。

暗誦課題は次に進み、また次に進みました。だがチュッラは進歩せず、マハーも少し当惑しました。しかしこの世には暗誦を苦手とする人間がいるのも事実であり、彼はチュッラに、焦らず時間をかけて最初の一句を覚えよと言い渡しました。だがそれは簡単にはいかなかったのです。

数か月が過ぎ、チュッラの課題は最初の詩句のままです。遂にその足踏みは、他の新参の弟子たちの関心事となり、道心《どうしん》不十分な者の中には、陰口を叩く者が現れました。

さらに何としたことか、チュッラが自分の名さえ答えられぬ少年時代を過ごしていたという噂が、この精舎の中にまで伝わってきたのです。それを耳にしてマハーパンタカはとても重苦しいものを感じ、心は沈み込みました。弟がからかわれたりした幼時を知らぬでもなかったものの、チュッラが記憶の能力を欠くわけではありません。ただ幼時の躓《つまず》きが心の傷となり、暗誦という形式で声に出すのを妨げるということまで、まだ若いマハーには、思いが及ぶことではなかったのです。

——チュッラの素直さを生かすには、ここに呼ぶのがいちばんよいと信じたが、かえって苦しめる結果となっただけだったか。

修行生活に入って初めて、マハーは迷い悩みました。しかしそれほど長い時間ではありません。なぜならマハーはすぐに、自分が肉親への愛着に偏《かたよ》っていると気づいたからです。自分の身心の様子に気を配る修行の習慣が役立って、彼は身を正し、心の状態を正しました。

——修行の生活に耐えられぬなら、チュッラパンタカがここに居るべきでないのは明らかだ。本人にそれを弁《わきま》えさせ、祖父のもとか、あるいは故郷へ戻らせるほかはない。

マハーは翌朝チュッラを自分のもとへ呼び、暗誦の成否《せいひ》についてその考えを尋ねました。そしてできるともできぬとも答えられぬチュッラの様子をみて、やむなく精舎を去るようにと申し渡しました。チュッラパンタカは遠くを見つめる眼差《まなざ》しで兄の言葉を聞き、やがて静かに頷きました。しかしその顔は、木から離れた落ち葉のように色を失っておりました。

覚束《おぼつか》ないながら作法通りの礼拝をし、去っていく弟の背中を見て、今度は兄が胸を締めつけられる番でした。兄は瞑目《めいもく》し、弟は歩み去ります。こうして二人は別れました。

チュッラは茫然《ぼうぜん》と、精舎の林を歩いていました。惑乱《わくらん》して何も考えられず、何も見えず何も聞こえません。まさに親とはぐれた幼児のよう、彼は途方に暮れておりました。しかし昼近く次々と托鉢から帰ってくる僧の姿を見て、ようやくチュッラはもうここには居られぬことに思い至りました。だが歩く力もなくなったか、小さなチュッラは人目を避けるようにして、木立の隅に屈《かが》み込んでしまいました。

この時インドでは、乾期がまもなく終わろうとしていました。遍歴を続ける者の中には、早めに精舎に入ってそのまま雨期の安居を過ごす者もいて、人の出入りは増えつつありました。

その日の午後になって、数人の比丘が竹林精舎の門をくぐりました。彼らはそのまま木立の中に踏み込んで来ます。それぞれに木陰に静座して、禅定を修するつもりのようです。

「おや、チュッラパンタカさん。ここで何をしているのかね？」

屈み込んだまま半ば意識が薄れていたチュッラは、急に背後から声をかけられて、驚いて立ち上がります。

「あっ、あなたは！」

振り向いたチュッラの両眼が、驚きに見開かれます。みるみる大粒の涙が溢れ、頬を伝って流れ始めました。

チュッラパンタカに声をかけたのは、お釈迦さまでした。チュッラは仏を仰ぎ見た瞬間、自分の苦しみの真の理由を知りました。それまで自分でも気づいていませんでしたが、彼を悲嘆させていたのは、兄と離れることでも祖父を悲しませることでもありませんでした。修行ができなくなることですらなく、ただ仏から遠ざかることが、心の奥深く刺さった棘《とげ》のように疼《うず》いていたのです。

チュッラは問われるままに、今までの経緯《いきさつ》を語りました。仏は耳を傾けて聞き、チュッラが詩句を暗誦できぬ他には、罪を犯したわけではないことが明らかになりました。

「それではチュッラパンタカよ。あなたが努力するべきことを私が教えてあげるから、それを守ってここでもう一度、修行してみる気持ちがあるかね」

チュッラパンタカは大急ぎで、何度も何度も頷きました。それを見て、お釈迦さまは懐《ふところ》から手箒《てほうき》を出して言いました。

「ほら、これをあげよう。いいかねチュッラパンタカさん。これは私が使っているものだが、これからはどこへ行ってもこの箒で、行った先の場所をちり一つないようになるまで、きれいに掃き清めなさい。さて、あなたにできますか？」

「できます、できます！　絶対に忘れずにやります」

チュッラパンタカは希望に瞳を輝かせ、熱意をこめて請《う》け合いました。実際に彼は父母のもとにいた時、雑用をする親の傍で、時に掃除をして働いていたのです。

「だがチュッラパンタカさん、黙って掃くのでは修行にならない。ひと掃きする毎《ごと》に

『塵《ちり》を払い、垢《あか》を去れ』と唱《とな》えなさい。何を修行しているのかを忘れぬよう、自分で自分に言い聞かせるためだよ。これを覚えられるかね？」

「ちりをはらいあかをされ。ちりをはらいあかをされ」

チュッラパンタカは顔が赤らむほどに力を込めて、まるで幼児のように、仏のことばを繰り返して唱えました。

「よし、その調子なら大丈夫かもしれないね。ではチュッラパンタカよ。この精舎で修行を続けることを、マハーパンタカ尊者に伝えなさい。そして怠《おこた》らずに励みなさい」

仏は林の中で禅定に入り、チュッラは兄のもとへ行きました。チュッラパンタカの訥々《とつとつ》と話す内容を聞き終えて、マハーは畏《おそ》れに近い思いを禁じることができませんでした。

――一年近く前、入門を許す時会われただけだったはずなのに、仏はこの、目立たぬ弟を覚えておられたのか……。

マハーの畏怖《いふ》の思いは、やがて熱い感謝に変わりました。平静な心では再会できぬ別れをしたばかりなのに、仏は易々とそれを元に戻されたのです。兄と弟は土の床《ゆか》に額をつけて互いを礼拝し、喜び合ったのでした。

お釈迦さまの教えを受けた後のチュッラパンタカの精進ぶりは、竹林精舎の人々の注目の的となりました。彼の行くところとして、掃き残されるところはありません。そしてこの行に励むにつれ、チュッラの身ごなしは次第に素早く力強くなりました。今までのおずおずとした気後《きおく》れやはにかみは消え、黙々と勤める落ち着いた雰囲気が漂い始めました。暗誦に行き詰まっていた頃にチュッラの陰口を叩いていた者たちは、今や呆気《あっけ》にとられて彼を見守るばかりです。

チュッラは自分の座だけでなく、人の集《つど》う会座《えざ》全体を方《しかく》く、あるいは円《まる》く掃き清めます。そして人々もいつしか、チュッラが会座を清めるのを心待ちするようになりました。

そのころラージャガハ付近での仏の教団は、竹林精舎を中心にしながら、市の周辺のあちこちで仏を囲む会座《えざ》を開いていました。竹林精舎の西には温泉が湧き出る温泉精舎もあり、そこでも会座がしばしば持たれました。しかし仏がいちばん好まれた会座は、ラージャガハの東、チャッタ山の斜面にある霊鷲山《りょうじゅせん》と呼ばれる峰でのそれでした。ここで浄土三部経に含まれる無量寿経《むりょうじゅきょう》、観無量寿経《かんむりょうじゅきょう》や、法華経《ほっけきょう》などの大乗の教えが風の響きの中で説かれたと伝えられました。その鷲に似た大岩のある霊鷲山へも、チュッラはしばしば出かけたのでした。

手箒で掃き清める行の間、彼の口からは絶えず何やら声が洩《も》れていて、如何なる真言《しんごん》かと耳を欹《そばだ》てる者もおりました。しかしチュッラの動きが敏捷《びんしょう》で、聞き取ることができません。

こうしてどれほどの時が過ぎたのか、チュッラパンタカは変わらぬ努力を続けました。仏道修行者なら誰しも夢見る、『真理が我が身を訪れる』体験こそ得てはいませんでしたが、もともと彼は、それを願っているわけでもありません。同輩や後輩の多くが預流果に達し、尊者と呼ばれるようになっても、チュッラはただお釈迦さまの教えを忠実に守り、毎日を過ごすことに満足しておりました。

こうして何年かを過ごしたある日、チュッラはラージャガハからの托鉢の帰り道で、仏の一行に出会いました。仏はチュッラパンタカの前に立ち止まって修行の様子を尋ね、チュッラは喜びに頬を火照《ほて》らせながら、それについて一所懸命に話したのです。

仏は彼の手をとって耳を傾け、別れ際にこう言いました。

「チュッラパンタカさん、あなたはよく励んでいる。この手には日頃の精進が刻まれているね。でもチュッラパンタカ、まだ一つ、きれいになりきっていないところがあるようだよ」

仏は修行僧たちと共にゆったりとした歩調で南へ去り、チュッラの耳には、最後の謎めいた一言が残りました。

お釈迦さまのことばを頭の中に鳴り響かせながら、チュッラは帰り道を辿りました。再び仏と言葉を交わした嬉しさが彼の足どりを軽くしていましたが、精進を認められた言葉と、別れ際の最後の一言が、交互に彼の頭の中で響き合います。そして嬉しさは、次第に薄れていきました。

――まだもう一つきれいになりきっていないところ……、それはいったい何処《どこ》のことだろう？

愚直なチュッラは言葉通りにお釈迦さまとの約束を実行し、一度も手抜きをした覚えがありません。それだけに仏の別れ際の言葉は深い謎となって、疑うことを知らないチュッラの心にも、次第に重くのしかかってきたのです。

それは、考えても考えても解決することができず、しかも他人には解いてもらうことのできぬ謎でした。その夜チュッラの身心は極度の緊張に苛《さいな》まれ、文字通り息の詰まるような苦しさを味わいながら夜を明かしました。

次の日からチュッラパンタカは、憑《つ》かれたように説法の会座となった場所、自分が足を止めたところを巡り始めました。自分が掃き清めた記憶のある場所を、残らずもう一度、確かめようとしたのです。だが常に風雨に曝《さら》される場所をいくら矯《た》めつ眇《すが》めつ眺めても、過ぎ去った時のことを確かめることはできません。すでに口癖となっている仏のことばを半ば無意識に口にしながら、彼はただ立ちすくむばかりでした。

日が経つにつれ、チュッラパンタカは憔悴《しょうすい》しました。修行に対する確信はすっかり失われ、行き合う人に訴えるような目を向けながら、精舎の敷地を行き来するだけとなりました。人々がチュッラパンタカの身を危ぶむようになったある日、修行の最後の段階が、突然に彼の上に訪れました。

一人の未熟な修行僧が、チュッラと同じように修行に行き悩んでおりました。しかし彼はすでに、自分に見切りをつけていました。この二人が疎林《そりん》の小道で行き合った時、未熟な僧はチュッラを見下げる気持ちを、どうしても抑えることができませんでした。

「おやおや、これはチュッラパンタカさん。まだ自分がここではお門違《かどちが》いなのがわからないのかね。いつまでしがみついていても、あなたに見込みはないのに……」

チュッラはしかし、気弱な微笑みを返しただけでした。

「それがいけないよ。憐れみを乞うて居すわっても、邪魔なだけさ。仏があきらめよと言われたのがわからないのか」

「仏が？　お釈迦さまが私にあきらめよと言われた……？」

「そうだよ。この前、掃除が不十分だと叱られただろう」

「いえ、お釈迦さまは私に課題を与えて下さいました。私が愚かなばかりに、まだどうすればよいのかわかりませんが」

チュッラも珍しく言い返します。だが相手は自分自身の言葉に煽《あお》られ、いっそう感情が激していたのです。

「何を寝ぼけたことを言っているのだ。一度は実の兄に、愛想をつかされたほどの者じゃないのか。それともひょっとして、仏がとんだお目違《めちが》いをなされているとでも言うのかね！」

仏を誹謗《ひぼう》する言葉が言い放たれた途端、チュッラパンタカの背中を悪寒《おかん》に似た震えが走り、目は昏《くら》みました。かつて争いをしたことのないチュッラの全身に怒りがみなぎり、彼は遂にありったけの声を張り上げて叫びました。

「何を言うか、この馬鹿者め！」

そう叫んだつもりでした。しかし林に響き渡るその声が自分の耳に届いた時、彼はハッと気づきました。

――塵を払い、垢を去らねばならぬのは、自分自身の心のことだ！

耳に届いた我が声、それは仏に授けられた聖なることば、『塵を払い、垢を去れ』でした。それを聞いた時、自分自身の支えであった聖なることばの本当の意味を、彼は骨身にしみて知ったのです。とっさにチュッラは相手の足もとに我が身を投げ、全身で許しを乞いました。

「馬鹿者は私自身でした。簡単に人に左右されてしまう愚かな心を、今の今まで気づきませんでした。それこそが、仏の指摘された『まだきれいになりきっていないところ』です。あなたのおかげで今ようやく、そのことに気づかせていただきました」

竹林精舎の修行僧たちは、それまで進歩の遅かったチュッラパンタカが、一挙に預流果を達成したことに驚きました。しかも修行僧にあろうことか、真正面から人と争い、その最中に仏に授かった聖句を大声に叫んで覚りに達したこと、さらに争った当の相手が道を捨てようとしていたのを止めたばかりか、逆にその者の信頼を得たことなどを知り、深く心を動かされたのでした。

その後チュッラパンタカは悠々たる生涯を送り、死後に小さな塚に埋葬されました。塚にはやがて見慣れぬ草が生え、人々はチュッラパンタカ草《そう》と名付けて、無垢な聖者を偲《しの》びました。

時を経てこの話とパンタカ草は、中国に伝わりました。文字の国の人々は工夫を凝《こ》らし、丈《たけ》は低いが不思議に香気の高いこの草の名を、漢字で『茗荷《みょうが》』と記すことにしました。

「名は何か」とからかわれた過去を持ち、愚か者とされた修行僧の記憶は草となり、我が名を荷《に》なった少年を彷彿《ほうふつ》とさせるが如き名を得たのでした。

おわり

あとがき

お経は物語の宝庫です。数知れぬほどの話がつまっていて、大きな海に譬《たと》えられます。すてきな話がたくさんあるので、広く皆さんに親しみ、楽しんでいただきたいのですが、なにぶんにも二千五百年来のものなので、設定された状況や場面が、現代のわたくしたちにはそのままでは共感できず、受け入れ難くなってしまっているものが多くなっています。

それで広く読んでいただくために、思い切った再話の手法を取り入れることにしました。また世界各地の昔話や民話の中に仏教の風光を濃く感じた時、それも思い切り換骨奪胎《かんこつだったい》し、仏教物語として取り上げました。勝手に思い切るなと言われそうですが、平安時代以来の仏教説話や、さまざまな物語の流れにもこの手法があったと思ったからで、素人ゆえの蛮勇です。

経典にしろ民話、昔話にしろ、原典そのままを伝えるよりも、自分が感じた仏の教え、仏教世界の雰囲気を思うままに伝えようと、約二十年にわたって書き続け、縁ある方々に読んでいただきました。この本は、そのいくつかを抜き出して一冊にしたものです。

書きながら、すべての年代の人々に読んでいただけることを念じていました。今のこの国で、聖徳太子以来千五百年の仏教の伝統が薄まるにつれ、不安や不幸が増えているように思えるからです。

立派な伽藍は数多く、僧侶の姿も自分をふくめてまだ結構多いのですが、それだけが仏教でないことは、皆さんも十分に御存じのことです。信仰が、仏の教えに対する熱い思いが人それぞれの胸のうちにないかぎり、すべては単なる仮象にすぎません。

人として生まれた恵みの深さを知り、周囲の人々との互いの思いやりの中で慎ましく生きる。かつてこの国のいたるところに実現していて、東北日本において、際立って熱く受け継がれていたこの心。端なくも大災害に遭われた受難の人々を通して、世界が垣間見た日本の心は、縄文以来の森の神々と仏の教えの結びつきによってこの風土に自覚され、刻まれてきたものでした。それが今や急速に分解し、溶け去りつつあるように思えます。

人間誰しもがしあわせを望みますが、辞書によると「しあわせ」は、和語の動詞

「為合《しあ》わす」の連用形の名詞化したものと言います。その「為合《しあ》わせ」の意味は、複数の行為の重なりであり、結果が善か悪かは五分五分に過ぎず、常に幸福や幸運へと飛躍できるとは限りません。

「為《な》す」を「仕《つかまつ》る＝させて頂く」と儒仏思想の謙譲を取り入れ、そこへさらに仏教が説く生命の共生の考えを「合う」と取り入れ、対等の者同士が、互いに相手のために奉仕しあうという「仕合《つかまつりあ》い」の心、日本語としての「仕合《しあ》わせ」の成立によって、初めて常に善き結果をもたらす、見てわかり響きも優しい日本の、幸福の言葉が成立したのです。

この「仕合《しあ》わせ」と書く文化を外来のものと否定して「幸せ」と表記し、「他者はともあれ、自分が幸せならそれでよし」という文が、書けてしまうようにしたのが現代日本の文化です。

すべてを個人化、そして金銭化までして、人と人との人格の対等の交流を断ち切っていく、この流れには抵抗しなくてはなりません。個人ではかなわぬ重荷ですが、一人ひとりが踏み止まらねば、次の世代の不幸は、見るに堪えぬものとなりそうです。

世界の説話伝承や民話を博捜《はくそう》し、本にして紹介して下さった研究者、執筆者の皆様に末尾ながら深く御礼申しあげます。この本のいくつもの物語の着想に、大きなめぐみを賜りました。

平成二十三年九月　山口辨清

あとがきに添えて

平成四年から約三十年にわたり、住職として寺報に仏教の物語を掲載し、十数年前に、物語集「大いなる道」と「たましいを量る」の二冊として自費出版いたしました。その間寺に集う御詠歌講の皆さんに、西国三十三所観音霊場の御詠歌の趣意について少しずつお話しした内容を、これも一冊にまとめて大法輪閣にお願いして出版し、そのご縁で、『大法輪』誌上に、十数編の仏教物語を掲載していただくことも出来ました。

このほど、『大法輪』誌に掲載されたものをまとめて物語集三とし、大法輪閣から出版することについてご相談申し上げたところ、第三集だけを唐突に出すよりも、過去の二冊も再版してそれに続く第三集としたらとの御提案をいただき、全体を「物語でたどる仏教の世界」と改題して、連続して出版することにいたしました。一、二集の初版は、年少の読者を想定して総ルビとし、叙述もやや簡略化を心がけたものでしたが、今回全面的に目を通し、加筆改訂したものとすることが出来ました。

仏教は広大なアジア全域に広がり、キリスト教やイスラム教に決して劣るものではありませんでしたが、時の経過と共に次第に阻止され浸食され、中国や日本では土着宗教の反撃もあり現在に至りました。仏教の拡大が鈍化した理由はどこにあったのか。

それは支配権拡大を図る、侵略の宗教ではなかったということに尽きると思われます。仏道は支配拡大の先頭に立つ性格を持ちません。闘争は本質的に否定され、幼児を神や教団に属すものとして儀礼に取り込まず、あくまで自我に目覚める年齢からの自発の発心発心《ほっしん》を起点としたのです。身心の安らぎをもたらすための真理の伝達こそが目的であり、そのための伝道と求法求法《ぐほう》が行われました。護教や殉教などの、闘争的活動に伴う殺伐とは本来無縁な教えとして、仏教は、他の教えとは明確に一線を画すものでした。

民族、宗教などによって人間を選別しその相違にこだわる限り、曾ての日本軍や現在のウクライナ、パレスチナなどでの無惨は、世界のどの地に於いても再現されるものです。生命とは、大自然に適応して多様化し生きる余地を広げるのが自然な在り方であり、多様な立場を互いに受け入れ、慎みと譲り合いで共和、共生を図るべきもので、生命現象の将来は、向き合うものの相互の寛容の中にしかないのは明らかです。仏道はそれを促す真実の道だと信じ、仏教の物語を紹介し続けたいと念じております。

令和六年四月

素心居にて　素心老人（山口　辨清）

山口　辨清（やまぐち・べんせい）

昭和 12（1937）年、奈良県に生まれる。
龍谷大学文学部哲学科卒業。
奈良県内公立学校教職員及び浄土宗西山派寺院の住職を歴任。
現在は奈良市内素心居に居住し、ホームページを主宰。

［主要著書］
『観世音菩薩西国三十三所霊場 —ご詠歌でたどる巡礼のこころ—』
（大法輪閣）

本書は、2011 年に幻冬舎ルネッサンスより刊行された
仏教の世界をひらく物語 大いなる道の加筆訂正版です。

物語でたどる仏教の世界①　大いなる道

2024 年 6 月 25 日　初版第 1 刷発行

著　者　山口辨清
発行人　石原俊道
印　刷　亜細亜印刷株式会社
製　本　東京美術紙工協業組合
発行所　有限会社 大法輪閣
〒 150-0022 東京都渋谷区恵比寿南 2-16-6-202
TEL 03－5724－3375（代表）
振替 00160－9－487196 番
http://www.daihorin-kaku.com

カバーイラスト：飯野　和好
編集協力：髙木　夕子
装幀・レイアウト：クリエイティブ・コンセプト

　ISBN978-4-8046-1450-2　C0015